KB034736

일제의 한국민족말살·황국신민화 정책의 진실

일제의 한국민족말살·황국신민화 정책의 진실

제1판 제1쇄 2020년 3월 1일

지은이 신용하
펴낸이 이광호
주간 이근혜
편집 최대연 김현주
펴낸곳 ㈜문학과지성사
등록번호 제1993-000098호
주소 04034 서울 마포구 잔다리로7길 18(서교동 377-20)
전화 02) 338-7224
팩스 02) 323-4180(편집) 02) 338-7221(영업)
전자우편 moonji@moonji.com
홈페이지 www.moonji.com

ISBN 978-89-320-3610-6 93910

* 이 도서의 국립중앙도서관 출판예정도서목록(CIP)은 서지정보유통지원시스템 홈페이지(http://seoji.nl.go.kr)와 국가자료공동목록시스템(http://www.nl.go.kr/kolisnet)에서 이용하실 수 있습니다. (CIP제어번호: CIP2020006280)

일제의 한국민족말살· 황국신민화 정책의 진실

신용하 지음

문학과지성사

머리말

인류 역사에서 불행했던 시기의 역사를 모르거나 잊고 교훈을 얻지 못한 민족은 다시 유사한 불행을 겪거나 아예 민족이 학대당하며 소멸당하는 고통 속에서 사라진 경우가 허다했다. 어느 민족이나 비약하려면 역사의 교훈을 잊지 않고 배워야 한다.

한국민족도 세계에서 비약적으로 발전하려면 반드시 인류사와 자기의 불행했던 역사도 잘 알고 분발해야 한다.

최근 일본에서 아베정권이 등장하더니 군사대국화를 지향하면서, 대외적으로 구군국주의 부활로 보이는 신군국주의 패권정책 지향 추세가 나타나고 있다.

그들은 19세기 후반 20세기 전반기의 한국 침략과 식민지 강점 수탈을 반성하기는커녕, 도리어 정체되고 우매한 한국민족과 한국사회를 깨우쳐주고 '개발' '근대화'시켜준 '혜택'을 베풀어주었다고 주장하고 있다. 그들은 만주 침략, 중국 침략, 동남아시아 침략, 태평양전쟁 도발도 '침략전쟁'이 아니라 '해방전쟁'이었다고 주장한다. 그들은 일본 제국주의가 추구했던 패권 지배의 수취 영역권인 소위 '대동아공영권'을 매우 훌륭한 구상이었다고 찬탄하면서, 21세기의 '신대동아공영권'을 공공연히 구상하고 있다.

이러한 추세의 영향인지 호응인지는 알 수 없으나, 최근 국내에서도 이에 보조를 같이한 '식민지근대화론'이 다시 고개를 들고 있다. 그들은 일제가 한국을 식민지로 '합병'하여 한국을 '개발' 근대화시켜준 것이 통계와 사료로 볼 때는 사실이었다고 주장하고 있다. 그러나 그들이 제시한 통계와 사료는 일제 통계와 사료의 어떤 특정 조각을 전체로 일반화하고, 도리어 전체 구조와 수탈과 민족말살과 무단폭압과 학살 만행을 눈감고 관찰하지 않은 매우 일면적인 파편 자료에 불과하다. 그들의 식민지근대화론은 학문적 연구결과이기보다는 본질적으로 일본에서의 군사대국화 정책과 식민지 강점 합리화 정책에 보조를 맞추는 데 불과한 것이다.

이에 우리는 일본 제국주의 식민지정책의 본질과 내용을 먼저 사실 그대로 알고 인식해야 할 필요가 더욱 절실하게 되었다.

한국에 대한 일제의 식민지정책의 3대 특징은 ① 사회경제적 수탈정책, ② 한국민족말살·'황국신민화' 정책, ③ 식민지 무단통치정책을 들 수 있다. 이 책은 이 중에서 두번째의 한국민족말살·'황국신민화' 정책의 내용과 진실을 밝혀서 일제 식민지정책의 정확한 실체와 본질을 먼저 알고, 부차적으로 국내외의 '일제 식민지근대화론'의 대두에 대하여, 그 허구성과 침략성을 비판하기 위해 펴내는 것이다.

실제 역사 과정을 보면, 한국민족은 19세기 중엽 스스로의 힘으로 자주적 근대화를 진행시켜나가는 과정에서 이웃 일본의 군국주의자·제국주의자로부터 끊임없이 침략을 당했고, 당시에는 이를 물리칠 국력이 부족하여 식민지로 강점당하였다. 일제는 강점 기간에 한국민족을 '개발' '근대화'시켜주기는커녕, 한국인을 수탈할 수 있는 한계점까지 수탈하였다. 뿐만 아니라 아예 '민족'으로서의 한국민족은 '동화同化'라는 이름으로 소멸·말살시켜버리고, 생물학적 목숨만 붙어 있는 '조센징'으로 만들어, 차별임금과 차별대우를 감수하면서 일본어를 알아듣고 일제를 위해 사역당하는 총체적 예속천민층을 만들려고 획책하였다. 일제는 무조건 항복하여 패망할 때까지도 한반도와 한국인을 일제의 영원한 예속지와 예속민으로 만들고자 한 계획과 정책을 포기하지 않았다.

필자는 일제 식민지근대화론이 처음 고개를 들었던 1960~70년대부터 그들의 주장이 거짓이었으므로 진실을 밝히려고 식민지근대화론에 대한 비판 논문을 쓰고 책도 펴냈다. 이 책에서는 절판된 2006년판 필자의 책 『일제 식민지정책과 식민지근대화론 비판』(문학과지성사, 2006)에 수록한 논문 「일제의 한국민족말살, '황국신민화' 정책」을 분리하여 개고해서 이 책의 뒷부분에 재사용하였다. 이 논문이 1931~45년 사이의 사실만 서술했기 때문에, 1910~20년대 일제의 한국민족말살정책은 새로 집필해서 앞부분에 첨가하여 이렇게 하나의 작은 책으로 편찬하였다. 제1장~제6장 및 제16장의 총 7개 장은 새로 집필한 것이고, 제7장부터 제15장까지의 8개 장은 이전의 논문을 읽기 쉽게 약간 풀어 쓰고 개고한 것이다. 최근 2019년 7월경부터 일제 식민지근대화론이 다시 고개를 들었고, 일본 극우파들이 지원활동을 재개하고 있으므로, 새로운 비판이 필요하게 되었기 때문이다.

이 책이 일제강점기 일본 제국주의자의 한국민족에 대한 식민지정책을 이해하고, 일제 식민지근대화론의 거짓 학설에 미혹당하지 않도록 진실 이해에 조금이라도 도움이 되기를 간절히 바라는 바이다.

출판을 맡아준 문학과지성사와 성실하게 교정을 보아준 편집부 직원들에게 감사드린다. 원고 타자와 교정에 성의를 다해준 서울대학교 대학원 사회학과 조민서 조교에게도 깊이 감사하는 바이다.

2020년 1월

저자 삼가 씀

차례

제15장 한국민족간부 인사에 대한 감시·검속과 학살 계획

제16장 일제 식민지통치의 해독과 고통과 극복

제1장
일제 식민지근대화론이 대두된 배경

1. 연합국의 일제 전쟁범죄자 처벌

일본 제국주의는 19세기 후반에서 20세기 전반 사이에 동아시아 여러 나라를 침략하고, 청·일전쟁, 러·일전쟁, 한국 강점, 만주 침략, 중·일전쟁을 거쳐 마침내 태평양전쟁을 일으켜서 제2차 세계대전의 도발축을 형성했다가 1945년 8월 패망하였다. 일본 제국주의의 침략과 전쟁으로 아시아 이웃 나라와 사람들이 입은 피해와 고통은 너무 크고 참혹해서 말과 글로 다 표현하기 어렵다.

일본 항복 후 1945년 9월 2일, 연합국최고사령부가 일본 도쿄에 설치되어 일본 제국주의·군국주의 전쟁범죄자들을 처벌하고, 일본에는 연합국을 대신한 미군정이 1945년 9월 2일부터 1952년 4월 28일까지 6년 8개월간 실시되었다.

〈그림 1〉 연합국 '극동국제군사재판'의 일제 전쟁범죄자 피고들

연합국최고사령부는 1946년 5월 3일 '극동국제군사재판'(International Military Tribunal for the Far East: IMTFE)을 설치하여 일제 전쟁범죄자(이하 '전범'으로 약칭) 재판을 시작하였다.

전범들은 A·B·C 3등급으로 구분하여, A급만 일본 도쿄에서 재판하고, B·C급은 일제가 침략 점령했던 현지의 연합군이 군사재판을 실행케 하였다.

여기서 A급 전범이란 일제의 침략전쟁을 최고위직에서 기획, 시작, 집행, 명령한 자들이었다. B급 전범이란 상급자의 명령에 따라 침략전쟁을 자행할 때, 국제법이 규정한 '전쟁법'과 '전쟁관습법'을 위반한 자들이었다. C급 전범이란 상급자의 명령에 따라 연합군의 전쟁포로와 점령지 인민을 다룰 때 고문과 살인 등을 자행한 자들이었다.

재판관은 일본군과 직접 교전하여 일본 항복문서에 서명을 받은 11개 국가에서 선임한 판사들로 구성하였고, 재판장은 오스트레일리아 판사 윌리엄 웹William Webb 경이 맡았다. 검사와 변호사도 11개 국가에서 선임된 전임 검사와 변호사로 구성되었다.

1948년 11월 12일 '극동국제군사재판'(통칭 도쿄재판)은 체포된 A급 전범 60여 명 중에서 검사가 기소한 28명 가운데 25명에 대해 도조 히데키東條英機 등 7명에게 교수형, 16명에게 종신징역형, 그 밖의 2명에게는 징역 20년과 징역 7년을 각각 선고하였다.[1)]

---

1) Christine Sherman & M. J. Thurman, *War Crimes: Japan's World War II Atrocities*, Paducah, Kentucky: Turner Publishing Co., 2001; Niel Boister & Robert Cryer, *The Tokyo International Military Tribunal: A Reappraisal*, New York: Oxford University Press, 2008; Sandra Wilson, Robert Cribb, Beatrice Trefalt & Dean Aszkielowicz, *Japanese War Criminals: The Politics of Justice After the Second World War*, New York: Columbia University Press, 2017; 박원순, 『아직도 심판은 끝나지 않았다: 일본의 전쟁범죄 연구』, 한겨레신문사, 1996; 이상호, 「맥아더의 극동국제군사재판 처리와 전후 한일관계 굴절의 기원」, 『軍史』 제85호, 2012; 유하영, 「제2차 세계대전 이후 극동지역 전시범죄 재판 개관」, 『동북아연구』 제34권 1호, 2019.
극동국제군사재판에서 'A급 전쟁범죄자'로 처벌받은 범죄자들은 다음과 같다.
① 사형(교수형) 7명: 도조 히데키東條英機(육군대장, 총리대신, 육군대신), 히로다 고키廣田弘毅(총리대신, 외무대신, 주소련대사), 도이하라 겐지土肥原賢二(육군대장, 펑톈奉天특무기관장), 이타가키 세이시로板垣征四郎(육군대장, 중국파견군총참모장), 기무라 헤이타로木村兵太郎(육군대장, 버마방면군사령관), 마쓰이 이와네松井石根(육군대장, 중부중국방면군사령관), 무토 아키라武藤章(육군중장, 육조성 군무국장)
② 종신징역 16명: 아라키 사다오荒木貞夫(육군대장, 육군대신), 하시모토 긴고로橋本欣五郎(육군대좌, 중·일전쟁 주도 선동자, 난징학살 당시 현지 포병연대장), 하다 슌로쿠畑俊六(육군원수, 육군대신), 히라누마 기이치로平沼騏一郎(남작, 총리대신), 호시노 나오키星野直樹(도조내각 서기관장, 관동군참모장), 가야 오키노리賀屋興宣(오쿠라大藏대신), 기도 고이치木戸幸一(일왕 측근 옥새관리자), 고이소 구니아키小磯國昭(육군대장, 조선총독, 총리대신), 미나미 지로南次郎(육군대장, 조선군사령관, 관동군사령관, 조선총독), 오카 다카즈미岡敬純(해군대장, 해군성대신), 오시마 히로시大島浩(육군중

종신징역을 선고받은 16명의 전범 가운데는 한국민족말살·황국신민화 정책을 강제하는 데 앞장서 지휘한 조선총독 미나미 지로南次郎(재임기간 1936. 8. 5~1942. 5. 29)와 고이소 구니아키小磯國昭(재임기간 1942. 5. 29~1944. 7. 22)도 포함되어 있었다.

장, 주독일대사), 사토 겐료佐藤賢了(육군대장, 육군성 군무국장), 시마다 시게타로嶋田繁太郎(해군대장, 해군성 대신), 시라토리 도시오白鳥敏夫(주이태리대사), 스즈키 데이이치鈴木貞一(육군중장, 도조내각의 국무상 겸 기획원 총재), 우메즈 요시지로梅津美治郎(육군대장, 육군성 대신)

③ 징역 20년: 도고 시게노리東郷茂德(외무대신, 주독일대사)

④ 징역 7년: 시게미쓰 마모루(도조내각의 외무대신)

사형언도를 받은 A급 전범 7명은 1948년 12월 23일 새벽 스가모형무소에서 교수형으로 사형이 집행되었다. 연합군은 당일 그들의 시체를 화장하고, 혹시라도 매장하면 일본 군국주의의 부활의 성지로 악용될 것을 염려하여 미군 수송기로 유골재를 태평양 도쿄만 상공에서 바다에 뿌렸다. 문제는 조선총독을 지낸 A급 전범 고이소 구니아키(종신형)의 일본인 변호사가 군국주의자로서, 화장장 인부를 매수하여 몰래 유골 일부를 빼돌려서, 홍선사興禪寺(고켄지)에 위탁하여 불상 아래 묻은 것이다. 일본 재독립 후 1953년에 이 사실이 알려지자, 일본 후생성은 1955년 이 유골을 발굴하여 7등분해서 유족에게 인계하였다.

일본 극우파들은 1960년 8월 16일 육군대장 마쓰이 이와네의 고향 아이치愛知현 하즈幡豆군의 산가네(三ヶ根山) 정상에 이 7등분한 유골을 모아 묻고 '순국7사묘殉國七祠墓'를 만들어 성역화하여 참배하면서 군국주의 부활의 성지로 사용하기 시작하였다.

일본 극우파들의 배후활동의 영향으로 일본 후생성의 묵인 아래, 야스쿠니신사靖國神社는 1978년 10월 17일 교수형을 당한 A급 전범 7명과 형기 중에 옥사한 A급 전범(종신징역범) 5명, 기소 전에 병사한 A급 전범 2명 등 A급 전범 14명의 유골재와 위패를 야스쿠니신사에 안치하였다.

원래 일본은 연합국에 항복 조건으로 전쟁범죄자의 처벌과 모든 역대 일본정부의 성실한 이행을 서명 조인했고, 샌프란시스코 평화조약 제19조 (d)항에서, 연합국최고사령부의 모든 지령과 조치(재판 포함)를 모두 성실하게 준수할 것을 약속하여 1952년 4월 28일 재독립하였다. 또한 야스쿠니신사는 메이지유신 이후, 일본이 전장에서 전사한 전몰장병의 위패를 안치하여 호국정신을 함양할 목적으로 사용되는 곳이었다. 여기에다 전몰장병이 아니라 연합국이 제2차 세계대전의 A급 전쟁범죄자로 처형한 14인의 전범들을 안치해서 호국의 영령으로 참배하도록 한 것이다. 이것은 일본 제국주의가 저지른 침략전쟁들의 범죄적 성격을 부정하면서 일본 군국주의 부활을 정신적으로 고취하는 행위로 간주되어 연합국에게 비판의 표적 가운데 하나가 되었다.

그러나 마지막 총독 아베 노부유키阿部信行(재임기간 1944. 7. 24~1945. 8. 15)는 불기소로 석방되었다. 기시 노부스케岸信介, 고다마 요시오児玉誉士夫 등 24명의 A급 전범이 불기소로 석방된 것이었다. 이 밖에도 A급 전범 1명은 병으로 석방되었고, 1명은 도주했으며, 2명은 자살하였다. A급 전범 24명의 석방은 연합국의 큰 실책이었다. 연합국 군사재판의 목적인 일본 군국주의 발본색원은커녕, A급 전범 24명과 그 직계 후예가 그 후 일본 군국주의 부활과 신군국주의 대두 회책의 온상이 되었기 때문이다.

연합국최고사령부의 '극동국제군사재판'에서 내린 A급 전범에 대한 이러한 관대한 불기소 처분과 석방은 일본에서 일제 '식민지근대화론'이 대두한 근원적 배경이 되었다.

연합국의 극동국제군사재판의 A급 전범 재판은 매우 관대했지만, 점령지역의 B·C급 전범 재판은 엄격하였다. 체포된 자가 약 2만 5천 명에 기소된 자가 5,700명이었고, 그중에서 984명이 사형선고를 받았으며, 나머지도 각급의 징역형에 언도되었다.

이에 비하여, 한국에서는 대한민국 '국회'가 1948년 '반反민족행위처벌법'을 제정하고 반민족행위조사특별위원회를 편성하여 조사·재판·처벌을 시작하였으나, 이승만'정부'는 반민특위를 해체시키고 친일파들을 처벌하지 않는 정책을 집행하였다.[2)]

이승만정부의 이러한 '반민특위' 해체와 그 후 친일반민족행위

2) 신용하, 「반민법·반민특위의 설립과 활동」, 『친일파청산과 민족정기』(광복회 주최 학술대회 논문집), 1999; 이강수, 『반민특위 연구』, 나남출판, 2003; 정운현, 『풀어서 본 반민특위 재판기록』(전4권), 선인문화사, 2009.

〈그림 2〉 한국의 반민족행위자 특별재판의 시작(1948)

자의 전원 석방은 한국 내의 신친일파와 일제 '식민지근대화론'이 대두한 근원적 배경이 되었다.

2. 일본에서 '식민지근대화론'이 대두한 배경

정작 일제의 수도 도쿄에서 열린 A급 전범 재판에서 A급 전범 다수가 불기소 처분으로 석방되자, 이들과 그 추종자들을 구심점으로 1949년부터 구군국주의 잔당들이 다시 본격적인 정치활동을 시작하였다.[3] 1949년 미국과 소련 간의 냉전冷戰이 격화되고 1950년 6·25 한국전쟁이 일어나자, 미국과 연합국최고사령부는

3) 「日, 地下運動擴大/前陸海軍將校가 核心組織」, 『漢城日報』, 1947년 11월 23일자.

서둘러서 일본과 평화조약을 체결하고 1952년 4월 28일 일본을 재독립시켰다. 미국은 소련과 중국(중화인민공화국)의 남하 팽창을 막기 위해 일본과 군사동맹인 상호안전보장조약까지 체결하였다.

이러한 국제정세의 변화에 편승하여 일본 보수세력이 1955년 11월 '자유민주당'을 창당하자 일본 군국주의 잔당들은 이에 집단적으로 가입하여 자민당의 큰 계파가 되었고, 결국 집권당의 주류가 되는 데 성공하였다.

일본의 자민당 정권은 대한민국과의 국교 수립을 위한 회담을 시작할 때부터 구군국주의 본색을 드러냈다. 회담 대표나 관련자들이 "일본은 조선을 식민지화하여 조선인에게 개발·근대화의 혜택을 주었다"는 '망언'을 발언하여 회담을 중단시킨 것이다. 한국국민은 이것을 '망언'으로 규탄했고, 일본 자민당 정권도 때때로 사과하여 회담은 계속되었다. 그러나 당시 일본 정계와 정부의 주류를 이룬 일본 군국주의 잔당과 그 동조자들의 생각은 변하지 않았다.

일본 군국주의 잔당들의 '망언'과 생각은 정부의 문교정책과 연구지원정책을 거쳐서 점차 일본 학계에 들어가더니, 1960년대 말엽부터 일본에서 소위 '식민지근대화론'이 출현하기 시작하였다. 일제가 조선을 식민지화해서 조선인을 수탈한 것이 아니라 도리어 정체되고 미개한 조선인들을 교육시키고 조선을 개발하여 근대화시키는 혜택을 시행했다는 주장이었다.

한국에서는 1948년 독립한 후에 대한민국 국민과 대한민국 국회는 친일반민족행위자 처벌에 매우 적극적이었다. 그러나 이승만정부는 '반민족행위조사특별위원회'를 해체시키고 친일매국자들을 한 명도 제대로 재판하여 징계하지 않았기 때문에 오히려 친일세력들이 다시 각계에서 득세하기 시작하였다.

일본 학계의 경우 1960~80년대에는 일본 제국주의·군국주의의 한국·중국·동남아 침략에 대한 반성이 병존하여 내부 비판이 있었으므로, 일본 대중들은 건전한 독서의 선택이 가능하였다. 그러나 1990년대에 들어서면서 일본에서 구일본 제국주의·군국주의의 대외 팽창과 소위 '대동아공영권'에 대한 향수가 일어나더니, 한국에 대한 침략과 식민지수탈에 대한 반성은 거의 사라지고 도리어 '식민지근대화론'이 점차 득세하게 되었다. 그 배경에는 일본정부와 일본 재계의 연구비 지원정책이 있었음은 물론이다.

일본 학계의 소위 '식민지근대화론'은 1970년대부터 한국에도 수입되기 시작하여, 아직도 빈약한 일제강점기의 연구 분야에 일본 연구비와 함께 뚫고 들어왔다. 그들의 연구는 '진실'을 탐구하려는 것이 아니라, 구 일제총독부의 식민지정책을 '개발' '근대화' '시혜' 정책으로 설명해서 한국을 일본에 종속시키는 역사인식의 바탕으로 시도되었다. 일본의 식민지근대화론은 1960년대 이후 이룩한 한국의 경이로운 경제발전도 일제가 36년간 식민지 통치를 하면서 식민지 한국을 '개발' '근대화'시켜주었기 때문에 가능하게 되었다고 주장하였다. 이러한 주장은 21세기에 들어서도 계속되었으며, 아베정권 탄생 이후에는 더욱 강화되는 추세에 있다.

그러므로 한국 국민과 학계는 일제강점기 일본 제국주의·군국주의의 한국 침략과 식민지정책의 내용과 본질을 사실 그대로 정확히 조사 연구하고 이해하여 진실을 파악할 필요가 더욱 절실하게 되었다.

제2장
일제 식민지정책의 특징

1. 제국주의 열강의 식민지정책의 일반적 특징

제2차 세계대전 종료 이전까지 세계 모든 제국주의 열강이 침략 점령한 지역 주민에 대한 식민지 지배와 정책은 '수탈의 극대화'라는 일반적·보편적 특성을 갖고 있으면서도, 그 안에서 제국주의 국가별로 현저한 특징이 있었다.

우선 제국주의 국가의 식민지정책을 집행할 행정요원을 상층부까지만 파견해서 지배하는가, 최말단까지 전부 파견해서 장악 지배하는가에 따라, '간접지배indirect rule'와 '직접지배direct rule'의 국가별 유형이 구분된다.

영국은 사회경제적 수탈의 극대화를 목적으로 하고 '간접지배'를 원칙으로 하였다. 따라서 식민지 관리로는 토착인을 고용하되, 독립운동을 막기 위하여 토착인 애국세력을 끊임없이 분열시키고 서로 대립하게 하여 지배하는 분할과 통치divide and rule 정책을 채택하였다. 또한 토착인 중에서 식민지 관리를 충원하기 위하여 토착인에 대한 어느 정도의 고등교육을 실시하기도 하였다. 영국은 식민지에 대한 사회경제적 수탈을 극대화하는 한편, 토착인의 민족보존운동이나 민족문화운동, 민족관행에 대해서는 대체로 방관하는 정책을 취하였다.

네덜란드는 역시 사회경제적 수탈의 극대화를 목적으로 하며, '간접지배'를 원칙으로 하고, 식민지 관리도 토착인을 다수 고용하였다. 또한 토착인의 민족보존운동, 민족문화운동, 민족적 생활양식을 침해하지 않고 민족과 민족문화를 그대로 보존시켜주면서 사회경제적 수탈만을 극대화하려는 정책을 취하였다.

프랑스는 역시 사회경제적 수탈의 극대화를 목적으로 했으나, 영국과는 달리 '직접지배'를 원칙으로 하였다. 따라서 식민지 관리로는 대부분 프랑스인을 고용하고 소수의 보조원만을 친프랑스적인 토착인으로 충원하였다. 프랑스는 토착인의 민족보존운동에는 방관적이었으나 민족문화운동에 대해서는 교육을 통해 통제하고 자국의 문화 전수와 가톨릭교 전파 등을 통해 프랑스식 문화를 점차 이식시키려고 하였다.

2. 일본 제국주의 식민지정책의 특징

일본의 식민지정책은 프랑스형을 모방하여 '직접지배'를 원칙으로 하였다. 식민지 관리는 원칙적으로 모두 일본인을 이주시켜 일본인이 직접 식민지 행정을 말단까지 담당하도록 하고 소수의 보조원 자리에만 한국인을 채용하도록 하였다. 여기에 프랑스형과 근본적으로 다른 점은 '동화同化'라는 이름 아래 한국민족에 대한 '민족말살정책'을 철저하게 강행한 데 있었다.[1)]

즉 일본 제국주의 식민지정책은 다른 제국주의 국가들의 식민지정책과 마찬가지로 한국민족에 대하여 사회경제적 수탈을 극대화함과 동시에, 다른 제국주의 열강의 식민지정책과는 달리 한국민족을 지구상에서 영구히 소멸시켜 일본의 예속천민층으로 만들려는 '한국민족말살정책'을 강행한 것이었다. 이런 점에서 일본 제국주의 식민지정책은 각종의 간악한 제국주의 식민지정책들 중에서도 가장 극악한 것이었다.

일제는 자신들이 한국민족말살정책을 강행한다는 사실을 감출 수 없게 되자 이를 '동화정책'이라고 기만적으로 표현하였다. 다른 민족을 자의로 동화하려고 강제하는 것 그 자체도 민족말살정책일 뿐 아니라, 그들이 말하는 이른바 '동화'는 한국민족을 일본민족과 동등하게 '동화'하겠다는 것이 아니라 한국민족을 임금과 직업·직급에서 제도적으로 차별받는 일본의 '예속천민 신분층'으로 개편하겠다는 내용의 '동화정책'이었다.

---

1) 신용하, 『일제강점기 한국민족사』 상권, 서울대학교출판부, 2001, pp. 3~45; 김경일, 「일제의 식민지배와 동화주의」, 김경일 외, 『한국사회사상사연구』, 나남출판, 2003; 채오병, 「식민지 조선의 비서구 식민구조와 정체성」, 『사회와역사』 제76집, 2007 참조.

이 사실은 모든 측면에서 너무 명백하게 증명된다. 한국인은 '조센징'(조선인)이라는 이유만으로 모든 공식활동에서 천민으로 차별을 받았으며, 봉급과 임금에서도 제도적으로 차별을 받았다. 예컨대 식민지 시대에 한국인 회사원이나 노동자는 조센징이라는 이유만으로 일본인과 똑같은 양과 질의 작업을 하고서도 일제에 의하여 천민으로 취급되어 공공연히 일본인 임금의 30~50퍼센트밖에 받지 못하였다.

일본 제국주의는 '동화'라는 이름으로 한국'민족' 그 자체는 지구상에서 영구히 소멸시키고, 생물학적인 '조센징'으로 남겨서 일본인들에게 천대를 받으며 헐값으로 노예처럼 일하는 일본의 '예속천민층'을 만들려 한 것이었다.

일본 제국주의는 이러한 식민지정책의 목적 달성은 철저한 무력 탄압 방법이 가장 효율적이고 적합하다고 생각하여, 조선총독은 반드시 일본군대의 '대장'으로 임명하도록 법제화하고, 통치 방식은 반드시 일본군대식 '무단통치武斷統治'를 실행하도록 하였다.

그러므로 일본 제국주의 식민지통치의 3대 특징은 ① 사회경제적 수탈정책, ② 한국민족말살(소멸)정책, ③ 식민지 무단통치라고 지적할 수 있다. 이 중에서 ① 사회경제적 수탈정책은 정도의 차이가 있으면서도 세계 제국주의 열강의 보편적 특징이고,[2)]

---

2) 김경일, 「일제하 도시 빈민층의 형성」, 『한국사회사연구회논문집』 제3집, 문학과지성사, 1986; 박명규, 「일본인 대지주의 형성과 성격에 관한 연구」, 『한국학보』 제86집, 1997; 하지연, 『일제하 식민지 지주제 연구』, 혜안, 2010, pp. 223~59; James L.

여기에 ② 한국민족말살정책과 ③ 식민지 무단통치를 첨가한 것이 일본 제국주의 식민지정책의 특징이라고 하겠다.

일본 제국주의가 사회경제적 수탈의 극대화에 더하여 한국민족말살정책과 식민지 무단통치를 첨가했기 때문에, 일본 제국주의는 극악무도한 제국주의 열강 가운데서도 가장 극악무도했으며, 그만큼 한국민족의 고통은 더 컸고 더 괴로웠다.

Huffman, *Japan and Imperialism, 1853~1945*, Association for Asian Studies, 2010 참조.

제3장
일제의 한국민족말살정책의 구조

1. 일제의 한국민족말살정책의 초점

민족이란 '인간이 언어·지역·혈연·문화·정치·사회경제생활·역사를 공동으로 하여 공고히 결합되고 그 기초 위에서 민족의식이 형성됨으로써 더욱 공고하게 결합된 역사적 범주의 인간공동체'이다. 한국민족을 다른 민족과 구분하게 해주는 하나의 민족됨은 독자적인 언어·지역·혈연·문화·정치·역사를 공동으로 갖고 있고, 한국민족에 공속되어 있다는 민족의식을 갖고 있을 때 성립된다.

일제는 1910년 무력으로 한국을 강점하자 한국민족의 이러한 민족 구성요소들을 소멸시킴으로써 한국민족을 말살하려고 하였다.

우선 일제는 무력으로 한국민족의 '지역'(국토)을 빼앗고 '정치'(주권)를 빼앗아 소멸시켰으며 '사회경제'를 예속시켜 수탈하였다.

한국민족 구성의 나머지 요소들인 '한국어'(언어), '한국민족문화' '한국역사' '한국민족의식'을 소멸시키면 한국민족은 지구상에서 소멸되고, '혈연'은 목숨을 잇는 것으로 전락하여 이제는 생물학적으로 목숨은 붙어 있어도 한국민족은 지구상에서 사라지는 것이다.

널리 알려진 바와 같이, 일제의 식민지정책은 한국민족을 소멸시키기 위하여 '한국어·한국문자 말살정책'을 강행하였다. 이 정책은 1910년부터 시작되어 일본어를 '국어'로 하도록 강요하고 한국어를 박해하다가 1930년대에는 학교에서의 한국어 교육과 한국어 사용을 엄금하였다. 1937년부터는 농민들을 포함한 모든 한국인들의 일상 사회생활에서 한국어 사용을 금지하고 일본어만 전용하도록 강제하였다.

일제는 한국어 사용 금지와 일본어 전용을 어릴 때부터 철저히 강제해야 효과가 크다고 여겼다. 그리하여 국민학교 1학년 담임교사는 반드시 일본인 교사만을 배치하도록 조치하여, 철모르는 국민학교 학생들이 부지불식간에 한국어를 사용하는 경우에는 매질을 하고 벌금을 물리거나 벌칙을 적용하게 하였다.

일제는 1910년 한국병탄과 동시에 한국어 신문 및 잡지를 모두 탄압하여 폐간시켰다. 일제는 1919년 한국민족의 3·1운동으로 식민지통치에 대타격을 받자 할 수 없이 한국어 신문·잡지의 발행을 일부 허용했다가, 1930년대에 들어서자 다시 폐간정책을 강행하여 1936년 6월에는 『신동아新東亞』를 폐간시켰으며, 1940년대에는 『동아일보東亞日報』 『조선일보朝鮮日報』 등 모든 한국어 신문들을, 1941년에는 『문장文章』 『인문평론人文評論』 등 모든 한국어 잡지들을 폐간시켰다.

일제는 한국어 말살과 일본어 전용정책이 한국인들의 저항으로 잘 진행되지 않자, 그 씨를 없애야 한다고 하여 1942년에는 조선어학회朝鮮語學會를 강제 해산하고 그 회원과 학자들까지 체포하여 투옥하였다.

또한 일제는 '한국민족문화'의 소멸정책을 강행하였다. 그들은 한국의 고유한 민족문화를 일제기관을 동원하여 조사해서 민족문화유산과 미풍양속을 정책적으로 파괴하였다. 또한 수많은 문화재들을 일부는 파괴하고 일부는 약탈하여 일본으로 실어갔다.

그들은 식민지교육을 통하여 한국의 고유한 문화는 모두 '열등한' 것이라고 거짓 내용을 주입시켰다. 일제가 한국의 고유한 의복인 '바지·저고리'를 '바보' '열등'의 상징단어로 조작하여 조롱하려 한 것이나, 한국어의 부름말인 '여보'를 '열등한 조센징'의 상징으로 조롱하려 한 것은 모두 이러한 정책의 작은 예들이라고 할 수 있다.

일제의 한국문화 말살정책은 한국민족의 고유한 '성명'을 말살시키려는 '창씨개명創氏改名' 강요에까지 이르렀다. 이것은 '혈연' 공동의 의식을 소멸시키려 한 것임과 동시에 인간 개인에게 가장 직접적인 한국 고유문화를 소멸시키려 한 것이었다.

일제는 또한 한국역사를 왜곡하고 식민주의사관에 의하여 역사를 날조함으로써 한국역사를 사실상 왜곡 소멸시키려고 하였다. 총독부기관으로 1916년에 조선반도사편찬위원회朝鮮半島史編纂委員會를 설치하고, 1925년에 조선사편수회朝鮮史編修會로 확대, 강화하여 조직적으로 한국역사를 왜곡시키고 소멸시키는 작업을 진행하였다. 일본에 있던 제국주의 어용사학자들도 이를 지원하였다.

예컨대 한국민족은 고대부터 이웃 민족에 부용적附庸的인 민족으로서 북방은 중국에, 남방은 일본에 예속된 타율적 민족이었다고 일제는 주장하였다. 그들은 '임나일본부任那日本府'설이라는 것을 조작하여 가야 지방은 고대에 일본의 직할식민지였고, 신라와 백제와 고구려도 일본의 지배를 받았다고 날조하였다. 또한 '일선동조론日鮮同祖論' '동조동근설同祖同根說'을 조작하여 일본민족은 일본의 신인 아마테라스 오미가미天照大神의 적자이고, 한국민족은 그 서자로서 동일한 기원과 뿌리에서 나왔다고 주장하였다. 일제의 이러한 역사 왜곡과 조작은 근대사에 이르기까지 그 항목 이름만도 낱낱이 들 수가 없을 정도였다.

일제의 한 경제사학자는 한국민족이 1910년까지 고대사회의 가족경제 단계에 낙후되고 정체되어 있던 민족으로서, 일본 식민지가 되는 은혜를 입어 비로소 근대 국민경제 단계로 발전할 수 있었다고 주장하기도 하였다.

일제가 자행한 한국역사 왜곡과 찬란하고 발전된 한국역사의 소멸정책은 식민지통치와 한국민족말살을 위하여 일제가 조작한 황당무계한 것들이었다. 그러나 이러한 황당무계한 역사 왜곡이 학교교육을 통하여 주입되었기 때문에 그 해독과 영향은 오래도록 막강하였다.

일제는 이상과 같이 한국민족을 말살하기 위하여 한국민족 형성의 객관적 요소들을 왜곡시키려 했을 뿐만 아니라 주관적 요소인 민족의식을 철저히 소멸시키려고 획책하였다. 일제는 한국역사를 사실상 지워버리고 일본역사에 편입시켜 일본역사를 한국의 역사로 삼고 한국민족의식을 버리도록 교육하였다. 그들은 한국민족에게 한국민족의식 대신에 일본(황국)의 신민으로서의 의식을 갖도록 강요하였다. 신사참배, 황국신민서사皇國臣民誓詞, 가미다나神棚 예배, 동방요배 등은 이러한 목적의 식민지정책이었다고 볼 수 있다.

일제가 이러한 한국민족말살정책을 강행했기 때문에, 한국민족은 5천 년의 유구한 한국역사상 최대의 위기와 시련을 맞게 되었다.

그러므로 일본 제국주의 강점기인 '식민지 시대'를 사회경제적 수탈이라는 측면에서 분석하는 것만으로는 전혀 불충분한 것이다. 그와 함께 일제의 한국민족말살정책의 구조와 이에 대항하여 민족을 보존하고 해방시키려 한 민족운동을 보아야 이 시대의 성격을 제대로 이해할 수 있다.

2. 민족운동사의 중요성과 외연 확대

필자는 일제강점기의 한국역사는 넓은 의미의 민족운동사에 중심적 위치를 두어야 한다고 생각한다. 여기서 말하는 민족운동사는 직접적으로 주권을 회복하기 위한 독립운동, 민족해방투쟁은 물론이요, 민족보존운동, 민족문화운동 등을 포함한 넓은 의미의 것이다.

일제강점기에 한국민족의 최대 과제는 일본 제국주의를 한국땅에서 몰아내고 민족의 해방과 독립을 쟁취하는 일이었다. 그리고 한국민족은 이 시기에 이 과업을 정열적으로 수행하여 많은 성과를 내었다.

따라서 살아 있는 자주적 민족사를 쓰려면, 식민지 시대의 역사는 민족독립운동사를 골간으로 하는 것이 당연할 것이다. 이 시기의 정치는 바로 민족독립운동 그 자체였을 뿐 아니라, 사회생활과 문화까지도 역사에 기록할 가치가 있는 것은 모두 민족독립운동과 관련하여 오늘에 이어지고 있기 때문이다.

여기서 또한 지적하고 싶은 것은 일제 식민지정책의 특징 가운데 하나가 한국민족말살정책이었기 때문에, 일제강점기의 한국역사에서는 민족보존운동, 민족문화운동의 중요성이 다른 서양 제국주의의 식민통치를 경험한 나라에서보다 훨씬 높다는 사실이다. 이것은 식민지 시대 한국역사의 특수성 중 하나라고 볼 수 있다.

따라서 편협하게 민족보존운동, 민족문화운동을 전투적 독립운동이 아니라고 하여 폄하하거나 경시하는 것은 다른 식민지에서는 적용될 수 있을지 몰라도 일제강점기의 한국에는 적용될 수 없다고 말할 수 있다.

일제강점기의 민족독립운동, 민족보존운동, 민족문화운동 등을 모두 포괄한 넓은 의미의 민족운동을 철저히 연구하고 이를 중심적 위치에 둔 자주적 민족사를 체계화하면 식민지 시대의 성격을 동태적으로 밝혀낼 수 있을 것이다.

제4장
일제의 식민지 무단탄압정책의 구조

1. 총독은 반드시 일본군 대장으로 임명하는 군대식 통치

한국(조선)에 대한 일제 식민지정책의 또 하나의 특징은 '식민지 직접 무단통치'였다.

일제는 일본의 장군과 군대·헌병·경찰을 직접 파견하여 말단 행정까지 일본인이 지배하면서 일본의 국가 이익을 위해 한국인을 민족적 차별을 받는 반半노예적 사역민으로 부리고 수탈하는 체제를 만들었다.

일제는 조선에는 일본 헌법을 적용하지 않고, 총독은 반드시 일본군 대장大將으로 임명한다는 규정을 만들었다. 무단통치를 위한 제도적 장치였다. 그리고 일본군 대장인 일제 조선총독의 명령을 '제령制令'이라 하여 법률로 간주해서 총독 '명령'으로 통치하며, 새로 제정하는 '식민지법'에 의거한다고 하였다. 그 내용은 조선에서는 신체의 자유권과 언론·출판·집회·결사·참정·저항의 자유권을 인정하지 않고, 오직 재산권만 부분적으로 인정하는 것이었다.

예컨대 3인 이상의 모임은 집회로 간주하므로 한국인(조선인)은 반드시 사전에 일제 사법당국(경찰관헌)에 청원하여 허가를 받도록 하였다. 모든 출판은 사전에 원고를 사법당국에 제출하여 검열을 받도록 하였다. 결사는 아예 모두 엄금되었다. 오직 학교와 종교집회만 사후신고를 승인하였다. 주권과 참정권과 저항권이 없었음은 물론이다.

일제는 조선인을 이렇게 인간 기본권을 박탈한 완전히 무권리無權利한 상태에 두고서도 불안해서, 무단통치라고 하여 민간인 행정관리는 물론이요, 보통학교(초등학교) 교사들까지도 모두 군복을 입고 칼을 차도록 하였다.

나아가 조선왕조 정부가 1894년 갑오개혁 때 폐지했던 중형重刑에 쓰던 태형제笞刑制를 부활시키고 더욱 강화해서, 가벼운 경범죄에도 가혹한 태형을 자행하였다. 예컨대 일본인에게 욕설만 해도 파출소로 끌고 가서 재판 없이 태 90대까지를 합법적으로 매질할 수 있었고, 실제로도 수시로 자행하였다.

일제는 이러한 폭압체제를 집행 보위하는 제도와 탄압무력으로서 ① 일본 정규군正規軍, ② 헌병경찰憲兵警察, ③ 조선총독부 행정조직의 삼중의 탄압 역량을 준비하여 배치하였다.

2. 일본 정규군의 배치

일제는 정규군으로서 일본군의 조선군사령부와 육군 제20사단 및 그 제40여단을 서울 용산龍山에 배치하고, 제19사단을 나남羅南에 배치했으며, 제37여단을 함흥咸興에 배치하고, 제39여단을 평양平壤에 배치하여 기본 무력으로 하였다. 일제는 각 사단과 여단의 산하에 다수의 병력을 다시 나누어 전국에 분산배치하여 조선 전국이 마치 거미줄과 같은 일본 육군의 배치망 안에 들게 되었다.[1)]

일제는 또한 진해鎭海와 영흥만永興灣에 일본해군요새사령부日本海軍要塞司令部를 설치하고, 중포병대대重砲兵大隊를 주둔시켰다. 이러한 일본 정규군의 주둔 병력 수는 약 2만 3천 명이었다.

일제의 이러한 정규군 배치에 의하여 일제하의 한국은 완전히 일본군의 무력지배하에 들어가게 되었다.

3. 일제 헌병경찰제도와 전국 거미줄망 배치

일제는 정규군 이외에도 헌병경찰을 전면 배치하여 독립운동에 대한 탄압과 식민지통치의 무력으로 삼았다. 소위 헌병경찰

---

1) 신주백, 「1910년대 일제의 조선통치와 조선주둔 일본군」, 『한국사연구』 제109집, 2000 참조.

〈그림 3〉 1910년대 일제의 헌병경찰

제도라는 것은 일본헌병으로 하여금 군사·경찰뿐만 아니라 일반 조선인 민간인들에 대한 경찰행정을 담당하게 하는 특수한 식민지 탄압제도였다. 이 헌병경찰제도에 의하여 일본군 헌병대는 일본군뿐만 아니라 한국인 민간인의 행동에 대한 경찰 업무를 동시에 담당하게 되었다.

또한 일반 경찰도 일본군의 헌병제도와 결합되어 한국의 민간인을 군사적 방식으로 탄압하고 지배하게 되었다. 3·1운동 전년인 1918년 12월 말에 한국 민간인 사찰을 위한 일제 헌병의 주둔기관 수는 1,110개소였으며, 헌병 수는 7,978명이었다. 3·1운동 직전인 1918년 12월 말 일제 헌병대(헌병경찰대)의 전국 배치 상황은 다음 〈표 1〉과 같다.

〈표 1〉 3·1운동 직전의 일제 헌병대의 배치와 헌병 수(1918)

	헌병대							헌병		
	사령부	본부	분대	분견소	파견소	출장소	합계	직원	보조원	합계
경기도	1	1	6	8	88	7	111	388	478	866
강원도		1	10	10	91	1	113	371	537	908
충청북도		1	4	4	34	1	44	121	160	281
충청남도		1	4	3	45		53	143	189	332
전라북도		1	4	6	46	1	58	152	196	348
전라남도		1	5	6	50	1	63	213	302	515
경상북도		1	6	5	77		89	252	361	613
경상남도		1	4	8	38	1	52	183	238	421
황해도		1	7	10	82		100	302	435	737
평안남도		1	5	8	74	3	91	224	299	523
평안북도		1	8	7	81	17	114	340	484	824
함경남도		1	8	12	96	2	119	362	490	852
함경북도		1	7	11	75	9	103	326	432	758
총계	1	13	78	98	877	43	1,110	3,377	4,601	7,978

자료: 『朝鮮總督府統計年報』, 〈1918年度〉, 第282表 「憲兵隊及職員」(1918), pp. 476~77에서 작성.

또한 일반 경찰관서警察官署는 750개소였으며, 일반 경찰 수는 5,402명이었다. 즉 3·1운동 직전인 1918년 12월 말에 일제는 정규군 이외에 1만 3,380명의 헌병경찰을 전국 각지 1,861개소에 주둔시켜 무력으로 한국인을 탄압하고 지배하였던 것이다. 3·1운동 직전인 1918년 12월 말 일제 경찰관서와 경찰의 배치 현황은 다음의 〈표 2〉와 같다.

〈표 2〉 3·1운동 직전의 일제 경찰관서의 배치와 경찰 수(1918)

	경찰관서						경찰관리		
	경무 총본부	경무부	경찰서	순사 주재소	순사 파출소	합계	일본인	조선인	합계
경성	1					*1	88	29	117
경기도		1	11	45	57	114	442	717	1,159
강원도		1	6	28		35	98	172	270
충청북도		1	6	35	1	43	87	126	213
충청남도		1	8	46	1	56	129	238	367
전라북도		1	7	46	4	58	124	189	313
전라남도		1	10	59	3	73	177	323	500
경상북도		1	13	69	6	89	207	361	568
경상남도		1	12	43	15	71	226	321	547
황해도		1	5	39		45	99	162	261
평안남도		1	5	33	12	51	121	167	288
평안북도		1	7	39	1	48	137	211	348
함경남도		1	5	28	3	37	98	129	227
함경북도		1	4	22	3	30	98	126	224
총계	1	13	99	532	106	751	2,131	3,271	5,402

자료: 『朝鮮總督府統計年報』, 〈1918年度〉, 「朝鮮總督府及所屬管理職員俸給表」, pp. 474~75에서 작성.

4. 일제총독부 행정관리의 무장 배치

일제 정규군과 헌병경찰 이외에도 조선총독부관리朝鮮總督府官吏들이 일제하의 한국인에 대한 탄압행정 무력이 되었다. 1918년

〈그림 4〉 1910년대 일제의 지방 헌병경찰(함경북도 경성)

12월 말 조선총독부관리의 수는 2만 1,312명에 달하였다. 이들에게는 모두 군복(제복)을 입고 군도軍刀(칼)를 차게 하였다.

즉 3·1운동 직전 한국에 대한 일제의 직접적 탄압무력은 ① 조선 주둔 일본 정규군 약 2만 3천 명, ② 일제 헌병경찰 1만 3,380명, ③ 조선총독부관리 2만 1,312명으로 그 합계가 약 5만 7,692명에 달하였다. 물론 일제는 이 밖에 필요하다면 언제나 한국에 증파하여 한국인을 탄압할 무력을 수개 사단이나 일본 본토 내에 보유하고 있었다. 일제는 이러한 무력의 배경 위에서 전국 1,861개소의 헌병대와 경찰관서는 물론 조선총독부 행정조직망을 거점으로 해서 전국을 거미줄같이 장악하여 총검으로 가혹하기 비할 데 없는 극단적인 식민지 무단통치를 자행하였다.

5. 즉결처벌제도와 태형 자행

한국인에 대한 일제의 식민지 무단통치는 문자 그대로 야만적인 것이었다. 1910년대의 헌병경찰제에 의한 식민지 무단통치의 잔혹성은 '즉결卽決'과 '태형笞刑'을 시행한 것에서도 그 예가 나타난다. 일제는 1910년 12월 소위 '범죄즉결례犯罪卽決例'라는 것을 제정하여 헌병경찰에게 한국인에 대하여 재판 없이 3개월 이내의 징역, 구류 또는 100원 이내의 벌금을 부과할 수 있는 반反법치적 특권을 주었다.

또한 일제는 1912년 3월 '조선태형령朝鮮笞刑令'을 제정 공포하여 형량 중에서 헌병경찰의 판단에 의해서 형 1일 또는 벌금 1원

〈그림 5〉 태형 시행 장면

을 태 1대로 환산하여 집행할 수 있는 특권을 주었다.

이 제도적 조치에 의거하여 일제 헌병경찰은, 한국인이 조금이라도 비위에 거슬리거나 언제든지 필요하다고 생각되면 한국인을 영장 없이 체포하여 재판 없이 3개월 이내의 징역이나 벌금을 부과하고 이를 태형으로 환산하여 90대까지 매질을 가하였다. 이로 말미암아 한국인 중에는 일제 군경에게 불손하다는 이유만으로 잔혹한 태형을 받은 사망자와 불구자가 속출하게 되었다.

한국 농민들은 특히 일제의 태형을 다른 어떠한 형벌보다도 싫어하고 두려워하였다. 왜냐하면 적은 양의 태형으로도 막심한 고통이 따를 뿐 아니라 귀가한 후에도 수개월간 상처를 치료해야 하므로 농사작업을 못 하게 되기 때문이었다. 또한 많은 양의 태형을 당하면 목숨을 잃거나 불구가 되기도 하였다. 일제가 3·1운동 직전인 1918년의 1년 동안 '즉결'에 의하여 처벌한 형태는 ① 징역 147명(0.16퍼센트), ② 금고 11명(0.01퍼센트), ③ 벌금 1만 585명(11.2퍼센트), ④ 구류 4,370명(4.6퍼센트), ⑤ 과료 4만 750명(43.1퍼센트), ⑥ 태형 3만 8,683명(40.9퍼센트) ⑦ 기타 94명(0.1퍼센트)으로 합계 9만 4,640명이었다.[2)]

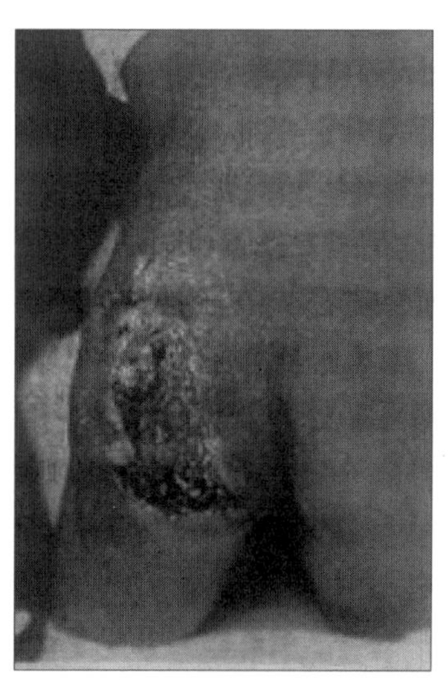
〈그림 6〉 일제의 태형으로 손상을 입은 조선인

일제는 5천 년의 유구한 역사를 가진 문명민족인 한민족을 근대적 군사무력을 통해 식민지로 강점하고 총칼과 감옥과 채찍으로써 반半노예로 만들어 다스리려고 한 것이었다.

6. 한국인의 완전 무장해제

일제의 극단적인 식민지 무단통치의 탄압 속에서 한국인들은 완전 무장해제를 당하여, 국내에서는 독립운동을 위한 폭력의 준비는커녕 일제에 대항할 최소한의 무기도 갖추지 못하였다.

일제는 이미 구한말 구 한국군대가 강제 해산당한 직후인 1907년 9월 3일 '총포 및 화약류 단속법(銃砲及火藥類團束法)'을 제정 공포하여 한국인의 총기와 화약 휴대나 운반을 법률에 의하여 철저하게 금하고 위반자를 투옥하였다.[3] 일제는 1910년 강점 이후에는 이 단속법을 더욱 강화해서 집행하고 이를 위반하는 경우에는 가혹한 형벌을 가하였다. 특히 매년 이른 봄에 정기적으로 총포의 소지를 단속하는 캠페인을 벌이고 밀고제를 시행하여 한국인의 무기 소지자를 색출해서 엄벌에 처하였다.

일제가 민간인에게 총기 소유를 허가한 사례는 재한국 일본인

---

2) 『朝鮮總督府統計年譜』, 〈1918年度〉, 第284表「犯罪卽決事件罪名別處斷人員」, pp. 480~81 참조.

3) 『官報(舊韓國)』, 융희원년(1907년) 9월 6일자; 『高宗實錄』, 융희원년(1907년) 9월 3일자, 법률 제5호「銃砲及火藥類團束法」 참조.

〈표 3〉 3·1운동 직전의 조선 내 민족별 민간인 보유 총기류

	군용총	권총	장총	엽총	기타	합계
일본인	1,775	4,222	166	17,167	54	23,384
조선인	0	6	1	1,734	0	1,741
기타 외국인	1	124	0	385	0	510
합계	1,776	4,352	167	19,286	54	25,635

자료: 『朝鮮總督府統計年報』, 〈1918年度〉, 第299表 「民有銃器」(1918), pp. 504~505에서 작성.

유력자들을 대상으로 한 것이었고, 한국인 중에서는 친일지주들의 수렵용 엽총獵銃 극소량뿐이었다.

3·1운동 직전인 1918년 말 한국 내의 민간인 소유 총기류는 〈표 3〉에서 볼 수 있는 바와 같이 ① 엽총 1만 9,286정, ② 권총 4,352정, ③ 군용총 1,776정, ④ 장총 167정, ⑤ 기타 54정으로 합계 2만 5,635정이었다. 이것을 일본 민간인과 한국인 친일지주로 나누어 보면, 국내에 34만 명이 거주하고 있던 일본인이 소유한 총기 현황은 다음과 같다. ① 엽총 1만 7,167정(89.1퍼센트), ② 권총 4,222정(97.0퍼센트), ③ 군용총 1,775정(99.9퍼센트), ④ 장총 166정(99.4퍼센트), ⑤ 기타 54정(100퍼센트)으로서 일본인 소유 총기가 2만 3,384정(91.2퍼센트)이었다.

반면에 1,700만 명의 한국인이 소유한(실제로는 친일분자나 친일지주들의 소유) 총기류는 ① 엽총 1,734정(9퍼센트), ② 권총 6정(0.1퍼센트), ③ 장총 1정(0.6퍼센트)으로 합계 1,741정(6.8퍼센트)에 불과하였다. 한국인은 전투에 사용할 수 있는 군용총은 1정도 갖지 못하였다.

만일 한국인들이 이 총기를 가지고 무장봉기할 수 있었다고 가정하면 그 무력은 막강한 일제의 정규군과 헌병경찰과 총독부관리의 무력에 대항하기는커녕 일본 민간인이 가진 무력에도 대항할 수 없는 것이었다. 뿐만 아니라 한국인이 소유한 이 극소량의 무기는 독립운동의 편에 선 한국인들이 소지한 것이 아니라 독립운동가들과 한국 민간인의 공격을 방어하기 위하여 일제 편에 선 친일분자와 친일지주 들이 소지한 것이었으므로 독립운동을 위해서는 하나도 사용될 수 없는 것이었다.

뿐만 아니라 일제는 친일분자와 친일지주 들이 가진 엽총도 그들이 한국인이므로 신뢰할 수 없다 하여 평소에는 일제 경찰관서에 보관하고 일제가 지정한 짧은 수렵 허용 기간에만 단기간 반출했다가 다시 일제의 경찰관서에 보관케 하였다.

그러므로 명백한 것은 독립운동과 관련해서 한국민족은 일제 치하에서 민족적으로 완전히 무장해제된 상태였다는 점이다. 박은식은 한국인들이 일제의 탄압에 의해서 '촌철寸鐵'도 갖지 못했다고 썼는데,[4] 이것은 정확한 표현이었다고 할 수 있다.

일제가 한국인들을 민족적으로 '완전 무장해제'시킨 것은 일제의 무력에 의거한 잔혹한 식민지 무단통치에 대한 한국인의 저항과 독립운동 능력을 완전히 박탈하기 위한 것이었음은 두말할 필요도 없다.

---

4) 朴殷植, 『韓國獨立運動之血史』, 『朴殷植全書』 상권, 檀國大學校附設東洋學硏究所, 1975, p. 450 참조.

일제는 여기서 그친 것이 아니라 종교단체와 학교를 제외하고는 어떠한 종류의 집회나 결사도 엄금했으며, 심지어 종교 강연회도 반드시 허가받도록 하였다.

한국인의 독립운동 가능성에 대한 일제의 경계와 탄압은 혹독한 것이었다. 일제의 가혹한 식민지 무단통치하에서 한국의 민중들은 독립사상을 더욱 확고히 다지고 적개심에 불타고 있었으나 조직화된 독립운동 그 자체는 애로와 위기에 처해 있었다.

제5장
1910년대 일제의 한국민족말살정책

1. 한말 애국계몽운동의 민족 실력양성 탄압·소멸 획책

1) 한국 애국계몽운동을 주도하던 신문·잡지 폐간과 서적의 소각

일제의 한국민족말살정책은 3단계로 나누어볼 수 있다. 제1단계는 1910년 8월부터 1919년 2월까지의 초기 단계(1910년대)이다. 제2단계는 1919년 3·1운동 이후부터 1931년 신간회 해체 시기까지(1920년대)이다. 제3단계는 1931년 만주 침략 시기부터 1945년 8월 15일 해방·광복을 맞을 때까지(1931년 이후 시기)이다.

1910년대 첫 단계에서 일제는 무엇보다도 그 직전 구한말 애국계몽운동과 의병운동이 배양한 한국민족의 민족적 각성과 그로 인해 양성된 애국심 및 근대적 독립 역량을 탄압 해체시키는 데

진력하였다.

일제는 우선 '대한협회' '서북학회' '기호흥학회' '관동학회' '교남교육회' '호남학회' '대한흥학회' 등 모든 애국계몽운동단체들을 강제 해산시켰다.

또한 일제는 『황성신문皇城新聞』 『대한매일신보大韓每日申報』 『제국신문帝國新聞』 『만세보萬歲報』 『대한민보大韓民報』를 비롯하여 애국계몽운동을 주도하던 모든 신문들을 강제 폐간시켰다. 뿐만 아니라 일제는 『소년少年』을 비롯하여 모든 잡지들과 각 학회 기관지들도 강제로 폐간시켰다. 일제는 조선총독부 기관지인 『매일신보每日申報』와 그 영문판인 『서울 프레스*The Seoul Press*』, 일본 거류민들의 『경성일보京城日報』만을 남겨놓았다.

당연히 모든 종류의 정치집회·강연회·연설회는 한국인에게 금지되었다. 일제는 이러한 탄압조치에 의하여 한국민족의 입과 행동을 완전히 봉쇄하였으며 한국인들을 완전히 무력한 상태에 묶어두려 하였다.

일제는 자신들이 민족말살정책을 시행하는 데 종래의 애국계몽운동이 크게 방해된다고 보고 그것을 조직적으로 파괴하려고 한 것이었다. 일제는 구한말에 한국인이 저작한 각급 학교용 교과서들을 몰수하여 사용 금지시켰다. 또한 구한말에 간행된 자주독립사상을 고취하는 모든 애국계몽 서적들을 '금서禁書'로 조치하여 판매 금지시키고, 소각케 하였다.

일제의 이러한 애국계몽운동에 대한 탄압과 헌병경찰제도의 폭압으로 일제하의 한국은 암흑 천지가 되었다.

2) 신민회 사건(105인 사건)의 조작과 탄압

일제는 여기서 만족하지 않고 한국 내의 독립운동세력이나 민족자주세력을 아예 뿌리부터 뽑아버리려고 획책하였다. 일제가 가장 주목하여 노린 것이 대표적 애국계몽운동단체인 '신민회'와 그 회원들이었다.[1]

일제는 1910년 12월 독립운동 군자금을 내라고 권총으로 협박한 '안명근安明根 사건'이 일어나자 이 사건을 이용하여 또 다른 사건을 날조함으로써 신민회를 없애고자 획책하였다.

일제는 1911년 1월 황해도 안악을 중심으로 하여 황해도 일대의 요시찰인을 일제히 검거하였다. 먼저 김구金九 등이 검거되고 계속하여 160여 명의 황해도 애국인사들이 체포되었다.[2] 이것을 통칭 '안악 사건'이라고 부른다.

또한 일제는 이와 병행하여 신민회 중앙간부인 양기탁梁起鐸, 임치정林蚩正, 안태국安泰國, 주진수朱鎭洙, 이동휘李東輝, 이승훈李昇薰, 고정화高貞華, 김도희金道熙, 옥관빈玉觀彬 등과 그 지휘를 받은 다수의 애국인사들을 일시에 체포하였다.[3]

일제는 이 사건을 둘로 나누어 다루었다. 주로 황해도의 애국인사들에 대해서는 말과 글로 다 표현할 수 없는 온갖 악독한 고

---

1) 愼鏞廈, 「新民會의 創建과 그 國權回復運動」, 『韓國學報』 제8~9집, 1977; 신용하, 『韓國民族獨立運動史硏究』, 을유문화사, 1985, pp. 11~140 참조.

2) 「安岳事件判決書」, 『韓國學報』 제8집, 1977, pp. 222~30 참조.

3) 「梁起鐸等保安法違反事件判決書」, 『韓國學報』 제8집, 1977, pp. 231~40 참조.

문을 가한 다음, '강도죄'라는 날조된 죄명을 붙여 1911년 7월에 징역 7년부터 무기징역까지의 중형을 가하였다.

또한 양기탁 등 신민회 중앙간부들에 대해서는, 서간도에 계획적으로 한국인의 집단이주를 시행하여 신한민촌新韓民村을 만들고 무관학교를 설립하여 기회를 보아 '독립전쟁'을 일으켜서 국권회복을 도모하려 했다고 해서 소위 '보안법 위반'으로 역시 1911년 7월에 징역 6개월부터 징역 2년까지의 실형을 가하였다.

그러나 일제는 여기서 만족하지 않았다. 왜냐하면 신민회의 애국세력이 평안남북도에 막강하게 남아 있었기 때문이다. 일제는 신민회의 평안남북도지회 세력 및 중앙간부의 일부와 독립운동을 일으킬 수 있는 애국세력의 지도자급 인사들을 일망타진하여 탄압 학살하기 위해서 '안악 사건'의 날조 경험에 기초하여 또 하나의 사건을 허위 날조하였다. 이른바 '신민회 사건'(105인 사건)이다.[4)]

일제는 허위각본을 만든 다음 1911년 9월에 평안남북도를 중심으로 하여 전국에 걸쳐서 신민회 회원과 애국지사들 600~700명을 갑자기 체포하였다. 혐의 사실은 일제 조선총독 데라우치 마사타케寺內正毅가 1910년 12월 27일 압록강철교 개통식에 참석하고 평안도 일대를 시찰하는 기회를 포착하여 신민회 회원들이 일제총독을 암살하려고 기도했다는 것이었다. 일제는 이 날조극을 소위 '데라우치 총독 암살음모 사건'이라고 불렀다.

4) 윤경로, 『105인사건과 신민회 연구』(개정증보판), 한성대학교출판부, 2012 참조.

〈그림 7〉 재판정에 끌려가는 신민회 회원들

이 사건은 일제가 처음부터 의도적으로 조작한 사건이었기 때문에 기소요건을 만들 수 없었던 일제는 검거된 회원에 대한 전대미문의 잔혹한 고문을 가하였다.[5] 일제는 이 기회에 한국민족 성원들의 독립운동 시도 자체를 좌절시키고자 만일 독립운동에 가담할 경우에 당해야 할 무지막지한 개인적 고통을 보여주기 위해서, 다수의 신민회 회원들에게 온갖 방법의 고문을 가한 것이었다. 그 결과 수많은 애국지사들이 죽거나 불구자가 되었다. 일제는 그들이 체포한 애국자들 모두에게 온갖 잔혹한 고문을 가한 후 1912년 5월에야 검거된 600~700명 중에서 122명을 기소하였다.[6]

5) "Korean Prisoners Say They Were Tortured," *The Japan Advertiser*(1912. 7. 7) 참조.
6) "The Korean Nationalist's Plot," *The Japan Daily Herald*(1912. 5. 20) 참조.

이러한 조건 속에서 일제는 날조된 사건에 대한 재판을 그대로 감행하여 1912년 9월 28일 이 중에서 105명에 대하여 징역 5년부터 10년까지의 실형을 선고하였다. 이때 유죄로 판결되어 실형을 받은 사람이 105명이었기 때문에 당시 이 사건을 통칭 '105인 사건'이라고 불렀다.

'105인 사건'의 날조와 애국지도자들에 대한 고문 학대는 일제의 야수적 잔혹성을 잘 나타낸 것이었다. 신민회 회원에 포함된 기독교 신자에 대한 일제의 잔혹한 고문은 당시 세계 기독교계에서도 큰 문제가 되었다. 그것은 일제가 어떠한 민족독립운동의 '가능성'에 대해서든 정치적 날조극을 포함하여 온갖 수단 방법을 가리지 않는 탄압과 학살을 자행하는 자들이었음을 잘 증명해 준 것이었다.

2. 의병운동과 의병 가족에 대한 탄압

일제는 식민지통치에 반대하는 한국인에 대한 학살·만행을 도처에서 자행했는데, 특히 의병 가족과 의병이 나온 마을에는 방화와 학살을 제멋대로 자행하였다. 박은식은 실제로 전국에서 자행되던 학살의 사례 하나를 다음과 같이 기록하였다.

> 지방의 참화를 말할 것 같으면, 일본병은 강원도 고성군에서 마을에 돌입하여 의병의 종적을 탐색하매 동리 사람들이 겁에 질려

알지 못한다고 대답하자 바로 7인을 참수하여 머리를 저자에 돌려 가며 보였다. 또한 한 마을에 들어가 의병을 색출하다 찾아내지 못하자 즉시 촌민 두 명을 사살하고 그 시체를 끌고 시중 가마솥에 넣어 삶아서 익은 뼈와 살을 여러 사람에게 보였다. 〔……〕

제천군에 돌입하여 의병을 수색하다 찾아내지 못하자 분노를 주민에게 돌려 전곡錢穀을 토색질하고 부녀를 겁탈하고 가옥을 소진하였다. 어느 지방에서는 일본병이 거리를 통과하자 아동이 바라보고 도망치자 일본병이 추격하여 발사하자 어린애는 바로 죽었고 기타 피상자가 많았다. 그중에 한 일본병이 부대장에게 고하되 "이곳은 의병의 종적도 없는데 어찌 무고한 사람을 살해함이 여기에까지 이르러도 대장께서는 방치하고 다스리지 아니하느냐"고 하자, 대답하기를 "이를 빙자해서 한국민으로 하여금 두려움을 주면 감히 폭동을 일으킬 수 없을 것이라고 하여 통감부로부터 이에 대해 묵인하라는 말이 있었다"라고 운운하였다.[7]

일제의 의병, 의병 가족, 의병이 나온 마을에 대한 학살·방화 등은 인간행동의 범위를 훨씬 벗어난 야수적 만행이었다. 이 과정에서 의병 가족들뿐만 아니라 무고한 한국인들이 전국 도처에서 처참하게 학살당하였다.

---

7) 朴殷植, 『韓國痛史』, 『朴殷植全書』 상권, pp. 330~31.

〈그림 8〉 의병에 참가했거나 의병을 후원했다는 이유로 일제가 처형한 한국인들

3. 기타 독립운동과 민족운동에 대한 탄압

일제가 한국을 강점한 1910년 8월부터 1919년 3·1운동 직전까지는 일제의 헌병경찰제도에 의한 무단통치의 시대로서 한국인들은 결사結社는커녕 숨도 제대로 쉬지 못하던 시기였음에도 불구하고, 한국민족은 국외에서뿐만 아니라 국내에서도 지하단체를 조직해가면서 줄기차게 독립운동을 전개하였다. 이 시기에 일제에게 적발 체포되어 탄압받은 주요 사건과 독립운동단체를 연도별로 들면 다음과 같다.[8)]

8) 崔永禧, 「3·1運動에 이르는 獨立運動의 原流」, 『3·1運動50周年紀念論集』, 東亞日報

1910년: (1) 안명근 사건, (2) 안악 사건

1911년: (3) 양기탁 등 보안법 위반 사건, (4) 105인 사건

1913년: (5) 독립의군부獨立義軍府, (6) 광복단, (7) 광복회 사건

1914년: (8) 대성학교 졸업생의 비밀결사 '기성箕城볼'(야구)단 사건

1915년: (9) 선명단鮮命團, (10) 조선국권회복단, (11) 영주대동상점 사건

1916년: (12) 한영서원 창가집 사건, (13) 자립단, (14) 홍천학교 창가집 사건

1917년: (15) 이증연李增淵의 결사 사건, (16) 조선산직장려계朝鮮産織獎勵契 사건

1918년: (17) 조선국민회, (18) 민단조합, (19) 자진회自進會, (20) 청림교靑林敎 사건

이 중에서 독립의군부와 광복단과 광복회는 의병운동을 계승

社, 1969; 『韓國獨立運動史』 제2권, 國史編纂委員會, 1971, pp. 85~102; 趙東杰, 「大韓光復會研究」, 『韓國史研究』 제42집, 1983; 申圭秀, 「大韓獨立義軍府에 대하여」, 『邊太燮博士華甲紀念史學論叢』, 1985; 權大雄, 「朝鮮國權回復團 研究」, 『民族文化論叢』 제9집, 嶺南大學校, 1988; 姜英心, 「朝鮮國民會研究」, 『한국독립운동사연구』 제3집, 1989; 姜英心, 「朝鮮國權回復團의 結成과 活動」, 『한국독립운동사연구』 제4집, 1990; 권대웅, 『1910년대 국내독립운동』, 한국독립운동사연구소, 2008; 김영범, 『혁명과 의열: 한국독립운동의 내면』, 경인문화사, 2010; 윤경로, 『105인사건과 신민회 연구』(개정증보판); 한인섭, 『식민지 법정에서 독립을 변론하다』, 경인문화사, 2012; 반병률, 『여명기 민족운동의 순교자들』, 신서원, 2013 참조.

발전시켜 항일무장투쟁을 추구한 지하 독립운동단체였다. 하지만 여기서 주목할 것은 일제가 무장투쟁을 추구한 세력만이 아니라 애국적 창가를 부르는 것까지도 탄압했다는 사실이다. '한영서원 창가집 사건'과 '홍천학교 창가집 사건'이 이를 잘 증명해준다.

일제는 이 시기에 독립을 추구하는 한국민족의 간접적 노력과 사소한 움직임까지도 그 관련자를 체포하여 온갖 잔혹한 고문을 가하고 중형을 부과하여 투옥하였다. 이 시기에 수많은 애국자들이 독립을 꿈꾸었다는 이유만으로 일제에 체포되어 갖은 악독한 고문을 받고 정식 재판도 받기 전에 옥사하는 일이 비일비재하였다.

일제의 이러한 탄압 속에서도 불굴의 한국민족은 1919년 3월 전민족적으로 봉기하여 3·1운동을 일으켰다. 일본 제국주의 침략자들에게 결정적 타격을 가하고 한국민족의 독립을 스스로 확고하게 보장한 것이었다.

4. 한말 한국 사립학교의 침탈과 식민지교육령 발표

일제는 구한말 한국인의 애국계몽운동 가운데서 가장 성과를 낸 것이 민중들의 사립학교 설립에 의한 교육구국운동이라고 보고, 이 사립학교들을 빼앗아서 한국인의 교육을 그들의 식민지정책과 목적에 부합하는 식민지교육으로 바꾸려고 획책하였다.

일제는 구한말 3천여 개의 사립학교 설립을 통한 한국민중의 교육구국운동의 열기를 꺾으려고, 통감부의 정책으로 한국민중이 감당하기 어려운 높은 시설기준을 강요한 '사립학교령'(1908. 8)을 공표하였다. 그러나 한국민중은 일제의 방해를 돌파하였다. 일제가 한국을 완전히 식민지로 강점하기 직전인 1910년 7월 1일의 공식 통계를 보면, 대한제국 정부의 공식 인가를 받아낸 학교 수는 모두 2,235개 학교였다. 이 중에서 한국민중이 자발적으로 설립한 사립학교가 93.2퍼센트에 달하는 2,082개 학교였고, 준準공립보통학교가 73개 학교(3.3퍼센트), 관공립학교가 80개 학교(3.5퍼센트)였다.[9] 여기서도 이 시기 한국민족의 자각에 의한 교육구국운동의 열의와 성과를 알 수 있다.

일제는 한국민족의 불붙은 교육구국운동을 그대로 두고는 도저히 식민지통치를 할 수 없다고 보고, 한국을 완전히 식민지로 강점한 후인 1911년 8월 '조선교육령'을 공포하여 본격적인 탄압을 강화하였다. '조선교육령'의 요점은 다음과 같은 것이었다.[10]

(1) 조선인에 대한 모든 교육은 '조선교육령'에 의거한다.

(2) 조선인의 교육은 일본천황의 '교육에 관한 칙어勅語'의 취지에 기초하며 일본 제국에 충량한 국민을 육성하는 것을 본의로 한다.

---

9) 『舊韓國官報』, 융희 4년(1910년) 8월 13일자, p. 64 참조.

10) 朝鮮總督府 編, 「朝鮮教育令」, 『朝鮮法令輯覽』 하권, 제16집, 帝國地方行政學會朝鮮本部, 1938, p. 19.

(3) 조선인에 대한 교육은 민도民度에 적합하도록 한다.

(4) 보통교육은 보통의 지식 기능을 가르치며 특히 일본 제국의 국민 되는 성격을 함양하고 국어(일본어) 보급을 목적으로 한다.

(5) 실업교육은 농업, 상업, 공업에 관한 지식 기능을 가르치는 것을 목적으로 한다.

(6) 조선에 대학은 두지 않으며, 전문학교에 의한 전문교육을 실시한다.

이와 함께 일제 조선총독은 '조선교육령'의 실시에 관한 훈시를 발표하여, 조선인에 대한 교육은 아동들에게 예비적 교육을 실시하는 것이 아니라 일본어를 능숙하게 하는 일본 제국의 충량한 신민을 양성함에 본지本旨를 둔다고 선포하였다.

일제는 한국민족의 독립사상과 민족의식을 소멸시키고 식민지 노예사상을 불어넣기 위하여 기존의 관립학교와 준공립학교를 접수하여 공립학교로 개편하고, '조선교육령'에 의한 식민지 노예교육을 실시하였다. 일제는 교사들에게도 군도를 차게 하고 군복에 준한 제복을 입게 하면서 한국 아동들에게 식민지 노예의식을 교육하여 한국민족을 '동화'라는 이름 아래 말살하려고 획책하였다.

그러나 일제의 공립학교에서의 식민지교육은 전면적으로 실패에 부딪히게 되었다. 일제는 1919년까지 484개의 공립보통학교에서 한국민족의 아동들에게 식민지 노예교육을 실시했으나 한국민족 성원들이 아동들을 일제의 공립보통학교에 보내는 것을 극력 기피했기 때문에 일제의 기도는 일단 실패하게 된 것이다.

5. 사립학교에 대한 탄압과 식민지 노예교육의 강제

일제는 한국민족 성원들이 일제의 공립학교에 아동들을 취학시키는 것을 극력 기피하고 사립학교에 보내는 경향이 짙어지자 사립학교에 대한 본격적인 탄압을 더욱 강화하였다.

조선총독부는 1911년 10월에 '사립학교규칙'을 제정 공포하여 한국인이 설립한 사립학교까지도 일제의 직접적 지배하에 두려고 책동하였다. 소위 일본의 '사립학교규칙'의 요점은 다음과 같았다.[11)]

(1) 사립학교는 조선총독의 허가를 받지 않으면 설립할 수 없다.
(2) 학교장 및 교원은 조선총독의 허가를 받지 않으면 채용할 수 없다.
(3) 수업연한, 교과목, 교과과정 및 매주 교수시간표, 생도의 정원, 학년·학기·휴업일, 입학자의 자격 등 학제에 규정해야 할 사항은 총독의 인가를 받아야 한다.
(4) 교과서는 조선총독부가 편찬한 것, 또는 조선총독의 검정을

11) 朝鮮總督府 編, 『朝鮮法令輯覽』 제16집, pp. 98~100 참조.

거친 것을 사용해야만 한다. 이들의 도서가 존재하지 않는 경우에 한하여 총독의 인가를 받아서 기타의 도서를 교과서로 채용할 수 있다.

(5) 조선총독이 규정한 일정의 사항에 해당하는 자는 사립학교를 설립할 수 없으며, 학교장·교원이 되는 것을 허가하지 않는다. 만일 학교의 설립 후 설립자가 이 일정의 사항에 이를 때에는 설립의 인가를 취소하며, 학교장·교원이 이에 해당함에 이를 때에는 설립자에 대하여 해고를 명령할 수 있다.

(6) 학교의 설비, 수업, 기타의 사항이 부적당하다고 인정될 경우 당국은 그 변경을 명령할 수 있다.

(7) 법령의 규정을 위반할 때, 안녕과 질서를 문란케 하거나 또는 풍속을 파괴할 염려가 있을 때, (6)의 명령을 위반하는 경우에, 조선총독은 사립학교의 폐쇄를 명할 수 있다.

일제는 이상과 같은 '사립학교규칙'을 통하여 사립학교 설립은 물론이고, 교원의 채용, 교과과정, 교과서 선정, 수업 내용 및 기타 교육 전반에 대하여 직접적 통제를 자행하였다.

일제는 또한 1915년 3월에는 '사립학교규칙'에 대개정을 가하여 사립학교에서 종교과목의 배제(교과의 제한), 일본인 교원의 의무적 채용, 일본어를 하지 못하는 교원의 배제(제한) 등을 골자로 하여 "충량한 황국신민의 양성"이라는 식민지 노예교육의 목적을 강화하였다.

또한 일제는 1916년 1월에 총독 훈령 제2호로서 '교원심득教員

〈그림 9〉 1910년대의 보통학교 졸업식(교사는 군복에 칼을 찼다)

心得'이라는 것을 제정하여 조선인 교원은 공립학교와 사립학교를 막론하고 과거의 조선인 됨을 버리고 새로이 일본 제국의 충량한 황국신민이 되도록 하는 데 목표를 두어야 한다고 강조하였다.

일제는 보통학교는 원칙적으로 사립학교를 인정하지 않고, 고등보통학교(중학교)부터만 사립학교를 인정하되, 교육 내용은 완전히 일제총독부의 방침을 따르도록 규제하였다. 한국인들이 할 수 없이 포기한 보통학교급 사립학교들은 일제가 모두 '접수'라는 이름으로 침탈하였다.

일제는 이러한 식민지교육의 목표 아래 우선 공·사립학교의 교육을 통하여 한국인의 자주독립정신과 궁극적으로는 한국민족 그 자체를 말살하려고 획책하였다. 일제의 식민지교육은 이 목적을 위하여 여러 가지 허위사실들을 날조해서 교육하였다.

첫째, 그들은 한국민족성의 제1의 특징이 사대사상이라고 조작해 주입시켰다. 민족적 자부심이 강한 한국민족에 대해 도리어 한국민족성은 사대성이 강하므로 본질적으로 독립할 자격과 능력이 없다는 내용을 주입시키고 교육하였다.

둘째, 일제는 한국민족성의 제2의 특징이 당파성黨派性이라고 날조하여 교육하였다. 자기네들의 역사에도 수백 년 지속되었고 어느 나라 역사에서든 볼 수 있는 소수 신분적 지배층의 권력투쟁을 유독 한국민족의 경우에는 확대 해석하여, 한국민족은 당파성이 강하므로 독립운동을 해도 성공하지 못하며 일본의 지배를 받는 것이 운명적으로 불가피하다는 내용을 의식 속에 주입시키고 교육하였다.

셋째, 일제는 고대부터 근대까지의 한국역사를 왜곡하고 날조하여 교육하였다. 한국민족의 역사를 고대부터 '임나일본부' 등 일본의 식민지지배를 비롯하여 다른 민족의 지배를 받은 타율적이고 정체停滯적인 역사로 왜곡하고, 오늘날 한국이 일본의 식민지지배를 받는 것은 역사적으로 필연적인 귀결이라는 거짓을 의식 속에 주입시키고 교육하였다.

넷째, 일제는 일본어와 날조 과장된 일본역사를 한국인에게 강제로 가르쳐서 일본숭배사상과 일제의 식민지지배의 당위성을 주입시켜 일제에 순종하는 식민지 노예를 만들려고 하였다.

요컨대 일제가 시행한 식민지교육의 내용은 한국민족의 주체성을 철저히 파괴해서 한국인들을 정신적으로 좌절당한 수동적, 비주체적 인간형으로 만들고 여기에 일본어를 가르쳐서 충실하게 일제가 시키는 대로 심부름만 하는 식민지 노예를 만들어내려고 한 것이었다.

일제는 이러한 식민지 노예교육의 목표에 합치하지 않는 일을 조금이라도 할 경우에는 가차 없이 해당 사립학교를 탄압하고 폐쇄하였다. 예컨대 함경북도의 사립온천학교는 교사가 학생들에게 조선어를 읽도록 강조한 일이 있다고 하여 폐쇄당하였다.[12)]

1910년대 일제 치하에서 이러한 탄압을 받고 수많은 사립학교들이 폐쇄당하였다. 그 결과, 1910년에는 사립학교 수가 1,973개교, 학생 수가 8만 760명이었는데, 1919년의 사립학교 수는 742개교로 대폭 줄어들고 학생 수도 3만 8,204명으로 격감하였다.[13)] 여기서도 사립학교에 대한 일제의 탄압이 얼마나 심했는가를 잘 알 수 있다.

6. 한국민족의 저항과 서당으로의 회귀

일제가 한국인의 사립학교까지 억압하자 한국인들은 할 수 없이 재래의 서당을 만들어 여기에 자녀들을 보내어 일제의 식민지

12) 姜德相 編, 『現代史資料』 제25권, 「朝鮮(1)」, みすず書房, 1966, p. 15 참조.

13) 朝鮮總督府, 『朝鮮人教育私立各種學教狀況』; 朴慶植, 『日本帝國主義の朝鮮支配』 상권, 青木書店, 1973, p. 154 참조.

노예교육을 피하려고 하였다. 그 결과 1911년에 서당 수는 1만 6,540개, 생도 수는 14만 1,604명이었는데, 1917년에는 서당 수가 2만 4,294개, 생도 수는 26만 4,835명으로 격증하였다.[14] 이것은 당시의 한국인들이 일제의 식민지교육을 피하려고 얼마나 노력했는가를 잘 나타내준다.[15]

이에 일제는 1918년 2월에 소위 '서당규칙'을 제정 공포하여, 서당에 대해서까지 탄압을 강화하였다. 그 내용의 골자는 다음과 같았다.[16]

(1) 서당을 개설하려고 할 때는 도지사의 인가를 받아야 한다.
(2) 서당의 교과서는 조선총독부 편찬 교과서를 사용해야 한다.
(3) 조선총독부가 적격자로 인정하지 않는 자는 서당의 개설자 또는 교사가 될 수 없다.
(4) 도장관은 서당의 폐쇄 또는 교사의 변경 등 기타 필요한 조치를 명령할 수 있다.

이와 같이 일제는 서당에 대해서까지도 직접적 통제를 가하여 식민지 노예교육을 실시하려고 획책했으며, 서당을 제멋대로 폐쇄하고 교사를 바꿀 수 있도록 하였다. 그 결과 1922년부터 서당

14) 朴慶植, 『日本帝國主義の朝鮮支配』 상권, p. 156 참조.
15) 盧榮澤, 「日帝下의 書堂硏究」, 『歷史教育』 제16집, 1974; 정준영, 「1910년대 조선총독부의 식민지교육정책과 미션스쿨」, 『사회와역사』 제72집, 2006; 김부자, 「식민지 시기 조선 보통학교 취학동기와 일본어」, 『사회와역사』 제77집, 2008 참조.
16) 『朝鮮法令輯覽』 제16집, p. 114 참조.

〈그림 10〉 일제 보통학교 취학을 거부하고 서당에서 공부하는 아이들

은 급격히 감소하게 되었다.

일제는 이상과 같이 한국 내의 모든 종류의 교육기관을 장악하여 한국인의 민족의식을 말살하고 식민지 노예교육을 강제하고자 한 것이었다.

7. 일제의 민족문화재 약탈·파괴와 민족문화 말살정책

일본 제국주의자들은 또한 한국민족의 찬란한 민족문화와 슬기롭고 유구한 민족사를 알지 못하도록 하면서 노예적 굴종사상을 불어넣기 위하여 한국의 민족문화유산을 약탈하고 파괴하였다.[17)]

일제는 한국민족의 독립왕정의 상징이며 문화재 건축물인 경복궁의 파괴를 기도하여, 고의로 경복궁의 중심 위치에 일제 조선총독부 청사를 짓기로 결정하였다. 그러면서 일제는 경복궁 근정전 등 10여 동의 건물만 남긴 후 4천여 간에 달하는 경복궁 건물들을 완전히 파괴하였으며 경복궁 정문인 광하문까지 헐어버렸다. 근정전도 철거하여 총독부관리용 정구장을 만들려고 설계했다가, 3·1운동으로 대타격을 받고 계획을 변경하여 남겨두기로 하였다. 일제가 이와 같이 경복궁을 파괴하고 그 자리에 총독부 청사를 지은 것은 고의적으로 한국민족의 자존심과 자부심을 무력으로 짓밟고 "한국민족은 망했다"는 패배감을 안겨주려고 획책한 것이었다.[18]

일제는 한국을 식민지로 강점하자마자 1910년 조선총독부 내무부 안에 소위 '고적조사반'을 만들어서 서울·개성·평양·부여·공주·경주 등지의 수많은 고분과 산성과 고적을 '조사'라는 이름으로 파괴하고 수많은 출토품들을 약탈하여 일본으로 실어갔다.

또한 조선총독부의 고급관료들과 골동품상인들이 결탁하여 일제 헌병경찰의 호위를 받으면서 '도굴단'을 조직해서 전국 각지의 고적들을 도굴해서 유물들을 약탈하였다. 이 관제 도굴단은 경주의 고분들과 공주·부여의 고분들을 백주白晝에 도굴하여 수많은 금관들과 금·은·주옥의 부장품들과 불상들과 미술품들을

17) 朴殷植, 『韓國通史』, 『朴殷植全書』 상권, pp. 302~10 참조.

18) 신용하, 『일제 식민지근대화론 비판』, 문학과지성사, 1998, pp. 142~66 참조.

약탈하여 일본으로 가져갔다.

일제 조선총독 데라우치는 이러한 도굴행위에 참가하여 약탈한 무려 2천여 점의 한국민족의 문화재를 자기 고향인 야마구치현山口縣으로 가져가 소위 '조선관'이라는 것을 차려놓고 자기의 약탈행위를 자랑하였다. 이 약탈문화재들은 현재 야마구치현립여자대학山口縣立女子大學에 소장되어 있다고 한다.[19]

또한 일제의 관제 도굴단이 이 시기에 약탈한 수많은 문화재들과 고려자기·이조자기의 일부는 현재 일본의 오쿠라집고관大倉集古館, 오사카협립미술관大阪協立美術館, 네즈미술관根津美術館, 오구라다케노스케 소장품小倉武之助 所藏品 등에 수장되어 있다.

일본 침략자들은 또한 한국을 강점한 직후인 1910년 11월부터 헌병경찰을 동원하여 서울 시내는 물론 전국 각지의 서점과 향교·서원, 심지어는 서적을 다수 보관하고 있는 개인 집까지 수색하여 한국민족의 고전들을 빼앗아서는 그중 약 20여만 책은 불태워버리고 일부는 일본으로 약탈해 가는 만행을 자행하였다.

일제는 오대산五臺山의 사고史庫에 보관되어 있던 『조선왕조실록朝鮮王朝實錄』 오대산본 1,800여 책을 약탈하여 일본으로 싣고 가서 도쿄제국대학에 보관하였는데, 이는 관동(간토)대지진 때 불타버렸다.

일제의 관헌들뿐 아니라 일제 어용사가들까지도 문화재 약탈에 혈안이 되어 날뛰었다. 예컨대 일제 어용학자 가와이 히로타

---

19) 박경식, 『일본 제국주의의 조선지배』, 청아출판사, 1986, pp. 156~59 참조.

미河合弘民라는 자는 일제 헌병대장의 지원과 보호를 받으면서 강화도 전등사에 보관되어 있던 고서 수천 권을 약탈하여 일본으로 실어 갔다.

가와이 히로타미, 도쿠토미 소호德富蘇峰, 시데하라 히로시幣原坦, 아유카이 후사노신鮎貝房之進, 가나자와 쇼자부로金澤庄三郞, 마에마 교사쿠前間恭作, 아사미 린타로淺見倫太郞 등은 한국의 귀중한 고서들을 일찍이 1910년대에 약탈해 간 대표적 일제 어용학자들이다. 그들이 약탈해 간 고서의 일부가 현재 교토대학 도서관, 동양(도요)문고東洋文庫, 궁내청 서릉부宮內廳書陵部 등에 소장되어 있다.[20]

이 밖에 일제 침략자들이 이 시기에 파괴하고 약탈해 간 한국민족의 문화재들은 여기서 도저히 그 품목을 낱낱이 들 수 없을 정도로 대량이었다. 일제 침략자들이 한국민족의 문화재를 파괴하고 약탈해 간 사실은 그들의 강도적 특성을 단적으로 나타내주는 것이었다.[21]

---

20) 같은 곳 참조.

21) 申采浩, 「朝鮮革命宣言」, 『改訂版丹齋申采浩全集』 하권, 단재신채호전집간행위원회, 1977, pp. 35~46 참조.

제6장
1920년대 일제의 한국민족말살정책

1. 일제 식민지 무단정책의 파산과 '문화정치'를 표방한 기만정책

일제 식민지 무단탄압정책은 한국민족의 3·1운동 봉기로 대타격을 받고 근저에서부터 붕괴되었다. 당황한 일제는 총독을 해군대장 사이토 마코토齊藤實(재임기간 1919~1927)로 교체하고, 소위 '문화정치文化政治'를 표방해서 3·1운동의 뒷수습을 담당케 하였다.

사이토는 1919년 9월 2일 부임 차 서울역에 내리자마자 강우규姜宇奎 의사의 폭탄 세례를 받았으나 불발로 간신히 목숨을 구하였다. 그는 한국민족의 저항과 독립 열망을 실감하면서, 일제의 식민지정책을 종래의 '무단정치'에서 '문화정치'로 전환하겠다고 공언하였다.[1] 일제가 표방한 소위 '문화정치'의 내용은 다음

과 같은 것이었다.[2)]

(1) 총독은 문·무관 어느 쪽이라도 임용될 수 있게 한다.
(2) 헌병경찰제는 폐지하고 보통경찰제를 채택한다.
(3) 일반 행정관리와 학교 교원의 제복(군복)과 대검(칼 차는 것)을 폐지한다.
(4) 조선인의 관리 임용과 대우개선을 고려한다.
(5) 법령을 간소화하고 행정사무를 신속히 처리한다.
(6) 언론·집회·출판 등도 고려하여 민의 창달을 도모한다.
(7) 교육·산업·교통·경찰·위생·사회 등의 행정을 배려하여 생활안정을 도모한다.
(8) 지방제도를 지방자치 시행 방향으로 개선할 것을 연구한다.
(9) 재래의 문화와 관습을 존중한다.
(10) 조선에도 대학 설립을 허용한다.

그러나 총독 사이토가 표방한 문화정치는 3·1운동에 일제가 대타격을 입고 일단 후퇴하면서 한국민족의 저항을 완화하고 회유하기 위한 기만책에 불과하였다.[3)] 일제의 실제 정책은 '문화정치'의 표방과는 전혀 맞지 않는 것이었다.

---

1) 朴殷植, 『韓國獨立運動之血史』, 『朴殷植全書』 상권, pp. 633~34 참조.
2) 朝鮮總督府, 『文化に關する諭告訓示並演述』(大正 8~11년), p. 2; 朝鮮總督府 編, 『朝鮮施政二十五年史』, 1935, pp. 314~17 참조.
3) 長田彰文, 「日本の朝鮮統治における'文化政治'の導入と齊藤實」, 『上智史學』 제43집, 1998 참조.

(1) 총독은 1945년까지 계속 모두 육·해군 대장에서 임명되었지, 문관 중에서는 임명되지 않았다.

(2) 헌병경찰제는 폐지되었지만 보통경찰은 수배 강화되었으며, 여전히 국경 부근에서는 헌병대가 경찰경비 업무를 담당하여 일제의 탄압 역량을 증강시켰다.

(3) 행정관리와 교원의 제복과 대검은 폐지되었다.

(4) 조선인의 관리 임용은 상대적으로 증가되지 않았으며, 대우도 개선되지 않았다.

(5) 법령은 '치안유지법' 제정 등 오히려 탄압법이 증가했고, 형정 사무도 더욱 탄압적으로 되었다.

(6) 언론·출판의 경우 『조선일보』『동아일보』『시대일보』의 세 신문 발행이 인가되었으나, 사전검열제와 삭제·정간·폐간권을 일제가 갖는 조건이어서, 언론·출판·집회의 자유와는 거리가 먼 것이었다.

(7) 조선인의 생활안정과 복리를 도모한 총독 행정은 없었다. 있다면 1920년 3월 '조선태형령'을 폐지한 정도였다. 그러나 도지사에게는 재판 없이 3개월 이내의 즉결 징역형을 부과할 권력을 주었으며, 일제 경찰의 고문과 구타도 제한 없이 자행되었다.

(8) 지방제도를 지방자치 방향으로 개선하지 않았고, 오직 1개 사례만 실험하여 거짓 선전만 하였다.

(9) 재래의 한국민족문화와 관습을 존중하기는커녕 정반대로 파괴하기 위해 온갖 행정적 노력을 경주하였다.

(10) 조선에 허용된 대학은 재한국 일본인 거류민 자제들의 대학 교육을 위한 경성제국대학京城帝國大學 설립임이 후에 증명되었다.

결국 일제의 문화정치 표방은 헌병경찰제를 보통경찰제로 바꾸고, 행정관리와 학교 교사의 군복과 대검을 폐지한 정도에 그쳤다. 이것은 도저히 '문화정치'로 표방하기에는 미흡한, 기만적인 처사였다. 그러나 한국민족은 이 기만적 표방의 틈새도 놓치지 않고 공격적으로 파고들어 민족문화예술운동, 민족언론운동, 민족교육운동, 민족실력양성운동, 새로운 사회운동을 일으키면서 민족보전에 활용하려고 노력하였다.

2. 일제 군·경찰의 탄압 역량 재강화

일제는 3·1운동 후 한편으로는 문화정치를 기만적으로 표방하면서 동시에 한국민족을 탄압하기 위한 일제 군대와 경찰을 대폭 증강시켰다. 그 주요 항목만을 간단히 들면 다음과 같다.

첫째, 일제는 조선에 상주하는 일본군을 대폭 증강시켰다. 3·1운동에 대타격을 입은 일제는 조선 주둔 일본군을 1920년과 1921년에 각각 2,500여 명씩 모두 5천 명을 증가시켰다.

둘째, 일제는 헌병경찰제 폐지와 동시에 경찰관 수를 종래의 약 6천 명에서 약 2만여 명으로 약 3.5배 증가시켰다. 이와 동시

〈표 4〉 3·1운동 후 일제 경찰관 수

연도	경찰관서 수						경찰관 수
	경찰부	경찰서	주재소	파출소	출장소	합계	
1918	14	99	523	106	-	742	5,402
1919	13	251	2,354	143	-	2,761	15,392
1920	13	251	2,354	143	-	2,761	18,376
1921	13	251	2,366	156	174	2,960	20,750

자료: 『朝鮮總督府統計年報』, 각 연도에서 작성.

에 경찰관 주재소 수도 종래의 약 730개에서 약 2,700개로 약 3.7배 증가시켰다.[4] 3·1운동 후 일제의 경찰 탄압 역량의 추이를 보면 〈표 4〉와 같다. 일제는 이러한 경찰관 수의 증가를 주로 일본 본토에서 일본인을 모집하여 단기훈련시킨 후 한반도로 수송해 오는 것으로 충당하였다.

셋째, 일제는 경찰관서에 '특별고등부特別高等部'(통칭 특고 또는 고등계)라는 비밀경찰부를 설치하여 한국인의 동태를 감시하고 밀정들을 고용하여 각종 비밀공작을 전개하였다. 특히 특고형사와 밀정은 한국민족의 독립운동과 민족운동을 감시하는 데 투입되어 수시로 미행·사찰·임검·불심검문·예비검속을 자행하였다. 일제 특고경찰의 밀정을 고용한 감시와 탄압활동은 전국을 더욱 감옥화하였다.[5]

넷째, 일제는 한국인의 독립운동·민족운동·민주운동·사회운

4) 김정은, 「1920~30년대 경찰조직의 재편」, 『역사와현실』 제39권, 2001 참조.
5) 朝鮮總督府, 『內朝問題に對する朝鮮人の聲』, p. 13 참조.

동을 탄압하기 위해 1925년 '치안유지법治安維持法'이라는 악법을 새로이 제정 공포하여 한국인들을 더욱 잔혹하게 탄압하였다. 치안유지법은 가벼운 민족운동 또는 일제 비방에도 최고 사형 또는 중형을 적용할 수 있는 잔혹한 악법으로서, 일제는 이를 한국인 탄압에 최대로 활용하였다.

다섯째, 일제는 '기마경찰대騎馬警察隊'를 창설하여 한국인 시위 운동에 적극 대처하게 하였다. 기마경찰은 원래 전시용으로서 큰 편제를 만들지 않았었는데, 3·1운동 이후 1920년대에 대규모 편제를 만들어 한국인의 탄압과 위협에 능동적으로 대처하게 한 것이었다.

여섯째, 일제는 '경찰경비대警察警備隊'를 창설하여 경찰에게 군사경비 역할을 담당케 하였다. 일제는 헌병경찰제가 폐지되었으므로 종래 헌병대가 하던 경비업무를 경찰이 수행할 필요가 대두되었다는 구실을 붙여서 경찰경비대라는 군대나 다름없는 조직을 만든 것이었다. 경찰경비대는 한국인의 독립운동 및 집회활동·사회활동·학생운동 등에 대한 탄압 도구로 사용되었다.

일곱째, 일제는 이처럼 증강된 일제 경찰에게 최신 무기를 새로이 보급하여 무장을 크게 강화시켰다. 휴대용 소총과 권총만 하더라도, 3·1운동 이전에 비해 1920년에는 소총은 약 2.5배, 권총은 약 4배 증강 보급했으며, 그 밖에 각종 최신 경찰장비들도 추가 보급하였다.

일제가 기만적으로 문화정책을 표방하는 동안에도 군·경 탄압 조직과 탄압 역량을 대폭 늘린 것이다. 이러한 일제 경찰력 강화

탄압정책은 그 후에 큰 악영향을 끼쳤다.[6]

3. 치안유지법과 탄압체제의 강화

일제는 강점 후 한국인 탄압을 위해 구한말 1907년 일제 통감부가 대한제국의 이름으로 제정했던 '보안법保安法'과 '신문지법新聞紙法,' 1909년의 '출판법出版法'을 일제강점기에도 계속 효력을 갖게 하여 탄압에 이용하였다. 그러나 3·1운동 후 1920년대에는 이것이 부족하다고 간주하여 더욱 가혹한 탄압법제를 만들었다.[7] 예컨대 보안법은 결사와 집회에 대한 금지와 해산의 탄압 규정만 두었고 처벌은 일반 형법에 의거하였다.

3·1운동이 일어나자 일제 조선총독은 1919년 4월 15일 '제령 제7호'로서 '정치에 관한 범죄처벌의 건'을 긴급히 제정 반포하였다. 그 특징은 형량을 일반 형법보다 대폭 강화한 것이었다. 제령 제7호는 국내에서 한국민족의 시위독립운동을 탄압하기 위해 '안녕질서를 방해하는 집회'에 대하여 10년 이하 징역의 중형을 부과할 수 있도록 긴급히 특별 제정한 탄압법이었다.

그러나 일제는 여기서 그치지 않고 1920년대에는 더욱 가혹한

6) 안진, 「미군정 경찰의 형성과정과 그 성격에 관한 고찰」, 『해방 직후의 민족문제와 사회운동』(韓國社會史學會論文集, 제13집), 문학과지성사, 1988; 안진, 『미군정기 억압기구』, 새길, 1996, pp. 125~47 참조.

7) 金圭昇, 『日本の植民地法制の硏究』, 社會評論社, 1987, pp. 73~124 참조.

〈표 5〉 조선정치범 누년통계표

연도	보안법	소요죄	출판법	신문지 법규	일본 황실 범죄	정치범죄 처벌령	치안유지 법(법령)	합계
1920	111	47	7	2	2	451		620
1921	86	23	21	2	1	1,491		1,624
1922	19	43	11	2	2	134		211
1923	12	83	9	5	1	71	3	184
1924	79	256	82	1	8	526	1	953
1925	83	388	94	12	2	250	88	917
1926	91	707	70	16	9	353	380	1,626
1927	49	650	45	6	22	107	279	1,158
1928	225	516	200	14	26	152	1,420	2,553
1929	242	216	175	2	38	175	1,355	2,203

자료: 『朝鮮總督府統計年報』(1920~29).

탄압체제를 만들려고 하였다. 한국인의 민족주의 독립운동뿐만 아니라 사회주의 독립운동까지 대두하여 독립운동이 강화되었기 때문이다. 일제는 1925년 4월 일본에서 법률 제46호로 '치안유지법'을 제정하고,[8] 1925년 5월 칙령 제175호로 이를 1925년 5월 12일부터 조선·대만 등에서 시행한다고 선포하였다. 일제는 1928년 6월에 칙령 제129호로 '치안유지법'을 더욱 개악하였다.

치안유지법의 특징은 민족주의 독립운동(제1조 제1항)과 사회주의 독립운동(제1조 제2항)에 대하여 '사형'과 '무기징역'까지

8) 松尾 洋, 『治安維持法と特高警察』, 教育社, 1996, pp. 58~102; 장신, 「1920년대 民族解放運動과 治安維持法」, 『學林』 제19집, 1998 참조.

도 가할 수 있고, 그들에게 군자금(금품)이나 편의를 제공해도 5년까지의 징역을 가하도록 한 극악한 탄압법이었다. 뿐만 아니라 민족주의 독립운동과 사회주의 독립운동은 물론, 일제의 식민지통치를 말로 비난하거나 자본주의 체제를 비판만 해도 '선동죄'로 10년까지의 징역을 가할 수 있게 하였다.

일제는 대외적으로는 문화정치를 표방하여 온갖 관제선전을 하면서도, 실제로 치안유지법이라는 살인적 탄압법을 제정 반포하고 또 이를 개악하여 한국민족이 조금이라도 일제를 비판하거나 반대하면 사형과 무기징역까지도 가할 수 있도록 잔혹한 탄압체제를 '법률'이라는 이름 아래 만들어놓고 잔혹무비한 한국민족 말살과 사회경제적 수탈의 식민지정책을 자행한 것이었다.

4. 한국민족분열정책과 친일파 육성정책

1) 일제의 친일파 육성정책과 친일단체의 발흥

일제총독 사이토는 '문화정치'를 표방하면서 3·1운동에 의해 파탄된 일제 식민지통치를 재강화하기 위해 조선민족운동에 대항하는 친일파 보호 및 육성을 중요한 정책으로 수립, 집행하였다. 그가 1920년에 수립한 '조선민족운동 대책'은 다음과 같았다.[9]

---

9) 齊藤實, 「朝鮮民族運動ニ對スル對策」, 『齋藤實文書』 제9권, 高麗書林, 1920; 朴慶植,

(1) 친일분자를 귀족·양반·유생·부호·실업가·교육가·종교가 등에 침투시켜 그 계급과 사정에 따라 각종 친일단체를 조직하게 할 것.

(2) 종교적 사회운동을 이용하기 위해 사찰령寺刹令을 개정하여 불교 각 종파의 총본산을 경성京城에 두고 이의 관장 및 원조기관의 회장에 친일분자를 앉히는 한편 기독교에 대해서도 상당한 편의와 원조를 제공할 것.

(3) 친일적인 민간인 유지자 중에서 상당한 학식을 지녔으면서도 '유식자遊食者'인 자들을 구제할 것.

(4) 조선인 부호·자본가에 대해 '일·선 자본가의 연계'를 추진할 것.

(5) '민간의 유지'에게 편의와 원조를 제공하여 '일선융화日鮮融和'의 '수제회修齊會'를 조직시켜서, 이에 '국유림'(조선총독부 소유림)의 일부를 불하해주고 입회권入會權을 주어 농촌 지도에 힘쓰게 할 것.

일제의 이러한 정책은 3·1운동 직후부터 일제 관료들이 수립한 친일파 육성정책을 사이토가 취임 후 정리하여 본국에 보고한 것이었다. 일제는 이 정책에 따라 친일분자들을 개별적, 집단적으로 지원 육성했는데, 그 대상은 다음과 같았다.[10)]

『日本帝國主義の朝鮮支配』 상권, p. 218 참조.

10) 姜東鎭, 『日帝의 韓國侵略政策史』, 한길사, 1980, pp. 165~220 참조. 일제의 친일파 및 친일단체 육성정책은 위 저서가 탁월하여 전적으로 이에 의존하였다.

(1) 일제가 한국병탄조약 등에 공헌했다고 하여 작위를 준 소위 '조선귀족'의 보호와 이용

(2) 친일관료의 육성과 이용

(3) 직업적 친일분자의 육성과 이용

(4) 친일지식인의 육성과 이용

(5) 지주의 보호와 이용

(6) 예속자본가의 보호와 이용

(7) 한국인 갑부의 보호와 이용

일제는 이러한 친일파 육성·보호·이용 정책에 따라 다수의 친일단체들을 조직케 해서 이를 이용하려고 획책하였다.

2) 친일단체의 육성과 이용[11)]

일제가 조선 내 친일파 양성과 친일세력 형성을 위해 1920년대 조직하거나 후원한 대표적 단체로는 ① 교풍회矯風會, ② 국민협회國民協會, ③ 대동동지회大東同志會 등이 있었다. 대지주 예속자본가의 친일단체로는 ④ 대정친목회大正親睦會, ⑤ 유민회維民會가 조직되었다. 유생 친일단체로는 ⑥ 대동사문회大東斯文會, ⑦ 유도진

11) 姜東鎭, 『日帝의 韓國侵略政策史』, pp. 219~64; 박명규, 「지식운동의 근대성과 식민성」, 『사회와역사』 제62집, 2002; 김영범, 『혁명과 의열』, pp. 43~98 참조.

흥회儒道振興會가 조직되었다. 민족운동 파괴를 위한 친일단체로는 ⑧ 상무사商務社, ⑨ 노동상애회勞動相愛會, ⑩ 조선인소작회 상조회朝鮮人小作會 相助會 등이 조직되었다.

또한 일본인과의 합자에 의한 친일단체로는 ⑪ 동광회 조선총지부同光會 朝鮮總支部, ⑫ 조선구락부朝鮮俱樂部, ⑬ 동민회同民會, ⑭ 갑자구락부甲子俱樂部 등을 조직·후원하였다. 일제는 이러한 친일단체의 장, 책임자, 간사 들을 총연합하여 ⑮ 각파유지연맹各派有志聯盟이라는 것을 조직하여 후원하면서 배후에서 이를 조종하고 지휘하였다.

일제는 내심으로는 '조선자치'를 인정하거나 '참정권'을 줄 의사와 정책이 전혀 없었음에도, 친일파 육성과 유혹을 위하여 '참정권' '내정독립' '자치론' 등의 미끼를 친일인사들에게 던져 넣어 1920년대부터 '자치'운동파를 대두케 해서 한국민족 지도층을 분열시키는 공작을 실시하였다. 이에 걸린 일부 민족주의자들이 일본 제국 내의 조선 내정 자치론을 주장하여 한국민족의 '완전독립' '절대독립' 노선에 한때 분열과 교란이 발생하였다. 이 자치론은 1927년 신간회新幹會가 창립되어 완전히 분쇄되었다.

5. 1920년 일본군의 간도 한국인 학살(경신참변)

일제는 1920년 조선 내에서 기만적 문화정책을 표방하면서도 국외 조선인에 대해서는 가혹한 학살을 자주 자행하였다.

일본군은 간도에 불법 침입하여 독립군 '토벌'을 시작할 때부터 한국인들을 학살하고 구타하는 만행을 저질렀다. 김좌진·홍범도의 독립군 부대들이 일본군의 소위 '토벌작전'에 대해 듣고 처음에는 '피전책'을 채택했다가 돌아서서 결사적인 전투를 감행한 배경 중 하나도 바로 일본군 침입지역에서 들려온 일본군의 한국인 학살 만행에 격분했기 때문이었다.

일본군은 1920년 10월 청산리독립전쟁青山里獨立戰爭에서 패전하자 간도의 한국민족에게 보복하기 시작하였다. 일본군은 이도구와 삼도구 지방을 중심으로 하여 간도 지방 한국인 촌락을 불지르고 비무장의 한국농민들을 무참히 살육했으며, 학교와 교회를 불태웠다. 박은식에 의하면 일제가 '간도 침입작전'을 시작한 1920년 10월 5일부터 11월 23일까지 간도 일대에서 일본군이 학살한 무고한 한국인이 3,106명, 실제로는 무려 1만 명이나 되었다.[12] '경신참변庚申慘變' '경신간도학살사건庚申間島虐殺事件'이라고 부르는 일본군의 이 지역 한국민족에 대한 살육과 약탈은 역사에 유례를 보기 드문 잔인무도한 만행이었다.

상해임시정부가 간도 통신원을 통하여 조사 파악한 바에 의하면, 1920년 10월 5일부터 11월 30일까지 일본군에 의해 학살당한 한국인은 〈표 6〉과 같이 3,469명이었고, 소각당한 민가는 3,209채, 소각당한 학교가 36곳, 소각당한 교회가 14채, 소각당한 곡물이 5만 4,045석이었다.[13] 그 후에도 학살이 계속되었으니,

12) 朴殷植, 『韓國獨立運動之血史』, 『朴殷植全書』 상권, pp. 673~92 참조.

〈표 6〉 일본군의 간도 한국인 학살(경신참변) 실상(1920. 10. 5~11. 30)

지역	피살자	피체포자	강간	소각 민가	소각 학교	소각 교회	소각 곡물(석)	피해 마을 수
혼춘현	249			457	2		9,825	6
왕청현	336	3		1,046	4	2	5,070	8
화룡현	613	부상 1		361	15	2	8,320	29
연길현	1,428	42	71	1,344	19	7	30,050	39
유하현	43	125		미상	미상	미상	미상	1
흥경현	305			미상	미상	3	미상	1
관전현	495			1			150	6
총계	3,469	170	71	3,209	40	14	53,415	90

자료: 상해임시정부 간도 통신원 보고, 『獨立新聞』, 1920년 12월 18일자.

실제 학살당한 한국인은 이보다 훨씬 많았으리라고 쉽게 추정할 수 있다.

당시 간도에 주재하던 캐나다 장로교 선교사 마틴(馬丁)은 다음과 같이 보고하였다.

먼동이 틀 무렵 일본군 보병이 무장하고 기독교 신자가 많은 이 마을을 포위하여, 먼저 노적가리에다 불을 질러 태웠다. 곧이어 집 안에 들어 있는 사람들을 밖으로 나오게 하여, 무릇 남자는 노인과 어린애를 막론하고 그 자리에서 총살하였다. 채 숨이 끊어

13) 「西北間島同胞의 慘狀血報, 臨時政府墾島通信員의 確保」, 『獨立新聞』, 1920년 12월 18일자 참조.

지지 않았으면 섶에 불을 붙여 그 몸 위로 던지니, 숨이 넘어가려는 사람이 아픔을 못 견뎌 펄펄 뛰며 비명을 질렀다. 그리하여 숨진 뒤에는 그슬려 누구의 시체인지 알아볼 수 없게 되었다. 그들은 이처럼 잔인하게 사람을 죽이면서도 사망자의 부모처자로 하여금 지켜보게 하였다. 동시에 집에 불을 질러 온 마을이 순식간에 초토화되었다.

일병은 또 다른 마을로 가서 기독교도들을 박해하였는데, 산골짜기에서 모든 부락들이 이러한 참변을 당하였다. 일병들은 만행을 자행하고 나서 병영으로 돌아가 일본천황의 탄생일을 축하하였다. 그러한 참변을 당한 마을은 확실히 알고 있는 것만도 36개 마을이며, 어느 마을에서는 양민 145명이 죽었다고 한다. 중국은 국력이 미약해 이에 대항할 힘이 없다고는 하지만, 이러한 역사상 일찍이 없던 만행을, 대부분이 기독교국으로 구성된 국제연맹에 왜 제소하지 않는가.[14]

중국 동삼성 재경학생연합회在京學生聯合會는 왕청현에서 보내온 글을 접수했는데, 거기에도 위와 비슷한 일본군의 만행에 대한 중국인의 보고가 있었다.[15]

일제의 한국인 학살과 만행은 10월 5일부터 광범위하게 자행되었고, 청산리독립전쟁은 10월 21일부터 시작되었으니, 일본군

14) 朴殷植, 『韓國獨立運動之血史』, 『朴殷植全書』 상권, pp. 685~86.
15) 같은 책, pp. 691~92 참조.

〈그림 11〉 일본군이 앉혀놓은 채로 주민의 목을 치는 장면

의 학살·만행이 먼저 시작된 것이었다. 이 때문에 '피전책'을 택했던 김좌진의 북로군정서 독립군과 홍범도 연합부대가 분개하여 돌아서서 일본군에 공격을 시작했던 것이었다. 또한 '청산리 독립전쟁'에서 패전한 일본군이 10월 26일 이후에는 보복으로써 한국민족 농민들을 더 잔혹하게 학살했으리라고 추정하는 것은 전혀 어려운 일이 아니다.[16]

1920년 10~11월에 벌어진 일본군의 간도지역 한국민족 양민 학살은 일본 제국주의의 야수성을 잘 증명해준 인류 사상 유례가 드문 정규군의 만행이었다.[17]

---

16) 趙東杰, 「1920년 間島慘變의 실상」, 『역사비평』 제45호, 1998 참조.

17) 金春善, 「庚申慘變 연구: 한인사회와 관련지어」, 『韓國史硏究』 제111집, 2000; 辛珠

6. 일본 관동대지진 때의 재일본 한국인 학살

1) 유언비어 조작의 주범

1920년대 일제가 저지른 한국인 학살의 대표적인 사례가 1923년 9월 관동대지진 때 재일본 한국인 약 7천 명을 학살한 사건이다.

강도 높은 지진이 1923년 9월 1일 오전 11시 58분 일본의 도쿄東京·요코하마橫濱, 미우라三浦반도 전 지역에서 일어났다. 이른바 일본의 관동대지진이라는 것이었다. 이 지진으로 화재가 일어났는데 대부분이 목조건물인 데다가 해안의 바람이 거세었던 탓에 불길이 맹렬히 타올라 도쿄의 3분의 2가 불타고 7만 4천여 명의 사망자가 발생하게 되었다.

이 관동대지진에 대해 행정조직상 대책 담당 최고부서였던 일본 내무성內務省과 경시청警視廳은 속수무책이었다. 일본국민의 분노가 자신들에게 올 것을 두려워했던 이들 부서는 재일본 한국인을 희생양으로 삼기로 하고 이들에게 화살을 돌리기 위한 유언비어를 조작하였다. 당시 내무대신은 전 조선총독부 정무총감이었던 미즈노水野錬太郎였고,[18] 경시청 총감 아카이케赤池濃는 조선총

栢, 「한국현대사에서 청산리전투에 관한 기억의 流動」, 『한국근현대사연구』 제57집, 2011 참조.

18) 宮田節子·岡本真希子, 「未公開資料 朝鮮總督府關係者 錄音記錄(3)」, 『東洋文化硏究』 제4호, 2002, p. 173 참조.

독부 경무국장이었던 자로서 한국인을 희생시켜 이재민의 공격을 피하려고 합의했던 것으로 보인다. 내무대신과 경시총감은 9월 1일 밤 도쿄 시내를 시찰한 후 "조선인이 폭탄을 소지하고 석유를 뿌려 방화하고 있다"는 전보문을 각 지방에 발송하여 대책을 강구하도록 지시하였다. 물론 '조선인 폭동·방화'는 날조된 유언비어로서 거짓이었으며, 불은 지진이 낳은 자연 발화가 번진 것이었다.

내무대신과 경시총감의 지시를 받아 9월 2~3일에 내무성 경보국장의 명의로 전국 지방장관에게 발송된 전문은 다음과 같았다.

> 도쿄 부근의 진재를 이용하여 조선인이 각지에 방화하고 불령不逞의 목적을 수행하려 한다. 현재 도쿄 시내에는 폭탄을 소지하고 석유를 뿌려 방화하는 자가 있다. 이미 도쿄부東京府 일부에는 계엄령을 시행하고 있으므로 각지에서는 면밀하게 시찰하여 조선인의 행동을 엄밀하게 단속할 것.[19]

내무대신과 경시총감에 의해 조작된 유언비어가 행정망을 통해 전국에 지시로 전달되자, 경찰관서의 지휘 아래 민간인 '자경단自警團'이 조직되었고, 경찰관과 자경단의 조선인 색출·학살이 시작되었다.

---

19) 「關東大震災と朝鮮人」, 『現代史資料』 제6권, みすず書房, 1963, p. 18 참조.

일본정부는 1923년 9월 2일 6시에 긴급칙명으로 계엄령을 선포했는데, 계엄사령부는 극비리에 「조선 문제에 관한 협정」을 결정하여 일본 내무대신과 경시청의 유언비어 조작을 정당화하기 위한 다음과 같은 요지의 지침을 내려보냈다.[20]

(1) 조선인이 폭행 또는 폭행을 자행하려 한 사실을 극력 수사하여 긍정시할 것.
(2) 풍설風說을 철저히 취조하여 이를 가능한 한 사실로 긍정시키려 노력할 것.
(3) 해외선전으로는 특히 일본인 공산주의자들과 조선인 공산주의자들이 배후에서 폭동을 선동한 사실이 있음을 선전하는 데 노력할 것.

일본군 계엄사령부는 즉각 '유언비어'가 사실이 아님을 파악했으면서도, 고의로 이를 사후에 '사실'로 조작하기로 결정한 것이었다. 일본정부의 발표를 신뢰해온 일본 신문들이 정부와 계엄사령부가 제공한 유언비어를 그대로 사실로 보도하여 전국에 퍼뜨렸다.[21]

예컨대 『가호쿠신보河北新報』는 1923년 9월 3일자 기사에서 "도쿄 시내는 전부 식료 부족을 구실 삼아 전시全市에서 조선인이 대

---

20) 같은 책, p. 80 참조.
21) 崔承萬, 「在日韓國人과 東京大震災」, 국사편찬위원회 엮음, 『한국사』 제21책, 1976, pp. 372~74 참조.

폭동을 일으키고 있다"고 아예 조선인 폭동을 '사실'처럼 보도하였다.

『오사카아사히신문大阪朝日新聞』은 1923년 9월 4일자 기사에서 "불령선인不逞鮮人(불온한 조선인)이 도처에서 봉기하였는데, 그 중에는 폭탄을 가지고 몰래 다니는 자가 있으며 석유통을 가지고 다니면서 혼란한 틈을 타서 큰 건물에 방화하는 것으로 보인다. 도쿄 시내에서는 극히 경계하고 있지만 각지에서도 엄중히 경계하기 바란다"고 하였다. 물론 날조한 허위보도였다.

『가호쿠신보』는 1923년 9월 7일자 기사에서 "대진재와 동시에 시내 각처에 있는 가스관이 파열되어 가스가 분출되고 있다. 여기에 선인鮮人들은 단체를 만들어가지고 불을 지르며 다닌다. 그렇기 때문에 시중 120여 개소에서 불이 났으며, 각처에서 폭탄을 던져 화세火勢를 조장하고 있다. 각처 우물에 독약을 넣고 이재민의 자녀에게 주는 빵 속에 독약을 뿌려서 준다고 하니 기가 막히는 일이다"고 보도하였다. 물론 완전히 날조한 허위보도였다.

『이바라키신문』은 1923년 9월 7일자 기사에 "특파기자는 조선인의 폭동을 조사하기 위하여 출발하였는데, 시부야澁谷 방면의 어떤 촌村에는 조선인 일단의 갑작스런 습격으로 학살을 당하여 한 촌이 거의 전멸되었다. 그들의 계획은 돌발적인 것이 아니라 미리 시기를 엿보고 있었던 것 같다"고 보도하였다. 이 역시 완전히 날조한 허위보도였다.

이 밖에도 『홋카이北海타임스』『산요신문山陽新聞』『시모쓰케신문下野新聞』 등을 비롯한 다수의 신문들이 허위사실을 날조하여 보도하였다.

즉 재일본 한국인이 '폭동, 방화, 독약 투약, 폭행' 등을 일삼고 있다는 완전히 날조된 유언비어를 만든 자는 내무대신과 경시총감이었고, 이를 사실로 집행토록 한 자는 내무관청과 경찰관서·계엄사령부·자경단이었으며, 유언비어를 널리 사실로 꾸며 선전한 것은 각종 신문들이었다. 이들이 유언비어 날조와 보급의 주체가 되고 재일본 한국인 학살의 주범이 되어 일본 수도 도쿄에서 인류 역사상 가장 참혹한 대학살이 시작되었다.

2) 일본인의 재일본 한국인 학살

관동대지진과 관련된 일본인들의 한국인 학살은 1923년 9월 2일부터 시작되었다. 일본 경찰관·자경단원·청년단·재향군인 등이 총검과 죽창 같은 무기를 들고 조선인을 색출하여 닥치는 대로 처참하게 학살하였다.[22] 몇 가지 일본인의 증언 기록을 옮겨 보기로 한다.

> 대도정 6정목에 많은 사람이 피살되었으니 구경하러 가보자고 하는 이가 있어서 날이 밝자 가게 되었다. 석탄재로 메운 400~500평의 공지였다. 동쪽에는 물이 깊이 고여 있었다. 공지 동쪽부터 서쪽까지 거의 나체로 된 시체들이 머리를 북으로 향하

22) 강덕상, 「1923년 關東大震災 대학살의 진상」, 『역사비평』 제45호, 1998 참조.

〈그림 12〉 관동대지진 때 일본인 자경단의 한국인 학살 장면

고 있었는데 250명이라고 하였다. 하나씩 보면서 지났는데 목이 잘려 기관氣管과 식도의 두 경동맥이 하얗게 보이는 것같이 보였다. 목이 떨어진 것은 하나뿐이었는데 무리하게 비튼 듯 살과 가죽과 힘줄이 헝클어져 있었다. 눈을 뜬 것이 많았는데 둥글고 미련한 듯한 얼굴에는 괴로워하는 빛이 없었다. 하나 가엾은 것은 젊은 부인의 시체였다. 배가 갈라져 6~7개월쯤 된 태아가 창자 속에서 구르고 있었다. 부인의 음부에 죽창이 꽉 박혀 있는 것을 볼 때 소름이 끼쳤다. 옆으로 피하였다.[23)]

23) 田邊貞之助, 『女木川界隈』(崔承萬, 「在日韓國人과 東京大震災」, 『한국사』 제21책, p. 377에서 인용).

요코하마 시내에서만 판명된 조선인 시체가 44명, 기타 땅속에 파묻고 물속에 던져버린 것을 합하면 140~50명은 될 것이라고 하였다. 자안自安의 자경단원은 일본도日本刀를 가지고 자동차를 타고 다니면서 50여 명을 살해하였다. 이외에도 많은 사람을 죽여서 철도 선로에 버리기도 하였고 혹은 불에 태우거나 바닷물 속에 던져버리기도 하였다. 가나가와神奈川에 모 회사 ○○○○ 80여 명은 하룻밤에 전부 피살되었다.[24)]

4일 오후 11시경 이루마군入間郡 방면에서 제국대학 학생 부부, 21세의 여학생, 15~16세 된 청년·소녀까지 5명과 노동자 및 상인 92명 등 모두 97명을 5대의 화물자동차에 실었다. 〔……〕 마침내 32명의 노동자를 실은 2대의 자동차는 자경단에게 붙잡혀 모두 학살되었다. 다른 65명을 태운 3대의 자동차는 〔……〕 울부짖는 그들을 죽창·일본도·수창手槍·철봉·곤봉 등으로 참살하였다. 그리고 그들은 여학생 등을 자동차에서 끌어내어 폭행하였으며, 다시 연무장演武場 내에 구류시키고 있던 23명의 토공부土工夫·행상인 등을 칼을 휘둘러 참살하였다. 그중 3명이 탁자 아래로 도망치자 죽창으로 찔렀고, 1명은 필사적으로 도주했으나 절벽에 추락하여 즉사하였다.[25)]

---

24) 『讀賣新聞』, 1923년 10월 21일자(崔承萬, 「在日韓國人과 東京大震災」, 『한국사』 제21책, pp. 377~378에서 인용).

25) 『山陽新聞』, 1923년 10월 25일자(朴慶植, 『日本帝國主義の朝鮮支配』 상권, p. 326에서 인용).

나는 조선사람을 총과 칼로써 마구 쏘고 베어 죽이는 것을 친히 보았다. 9월 2일 밤부터 9월 3일 오전까지 연무장에 수용되어 있던 조선사람이 300여 명이 되었다. 그날 오후 1시경 기병 1개 중대가 와서 경찰서를 감시하고 있었다. 그때부터 다무라田村라는 소위의 지휘 아래 모든 군인들이 연무장으로 들어오더니 세 사람씩 불러내어 총살하기 시작하였다. 그때 지휘자는 총소리를 듣는 부근의 사람들이 공포감을 갖게 될 터이니 총 대신에 칼로 죽여버리라고 명령하였다. 그 뒤부터는 군인들이 일제히 칼을 빼어 83명을 한꺼번에 죽였다. 임신한 부인도 한 사람 있었는데, 그 부인의 배를 가를 때 배 가운데서 어린아이가 나왔다. 어린아이가 우는 것을 보고 그 어린아이까지 찔러 죽였다. 피살된 시체들은 다음 날 새벽 2시 화물자동차에 싣고 어디론지 운반해 갔다. 〔……〕

야시마 교이치八島京一라는 사람이 9월 4일 아침 3~4명의 순경이 짐차에 석유와 장작을 싣고 가는 것을 보게 되었다. 마침 아는 순경이 있어서 어디로 가느냐고 물었더니, "죽인 사람들을 태우러 가는 거야"라고 하였다. "죽인 사람들?" "어젯밤에는 밤을 새워가면서 죽였는데 320명이나 되었어. 외국사람이 마을에 온다니까 오늘 급히 태워버리는 거야." 이런 이야기를 해준 사람은 세이치清一 순경이었다.[26]

26) 龜井戶署에서 일한 羅丸山 목격 증언(崔承萬, 「在日韓國人과 東京大震災」, 『한국사』 제21책, pp. 380~81에서 인용).

다바타田端에 사는 몸집이 튼튼한 조선사람 한 사람이 총살 당하는 것을 보았고, 에이타이교永代橋 아래에서 조선사람 시체 1,200~300구를 친히 보았다. 요시하라吉原에서도 3명의 조선사람을 경관과 군대가 총살하였으며, 아사쿠사淺草 수영장에서는 남녀 학생 200여 명의 시체가 있었다. 물이 있는 곳에서는 철사로 팔과 다리를 꽁꽁 묶어서 물속에 던져버리는 것이 보통인 듯하였다.[27)]

위에서 몇 가지 사례만 들었지만, 일제는 그들의 수도 도쿄를 비롯하여 관동 지방 일대에서 경찰·군대·자경단·재향군인·청년단·민간인 등을 총동원하여 한국인을 색출해서 온갖 잔혹한 방법으로 처참하게 학살하였다. 경찰관들은 보호해주겠다고 하면서 한국인들을 경찰서에 집합시켜서는 스스로 또는 군인 또는 자경단을 불러들여 죽이거나, 살육을 말리다가 물러나 학살을 방조하였다.

일본인들은 한국인과 일본인의 얼굴이 비슷하여 식별이 어려운 까닭에 가끔 일본인 피살자가 나오므로 한국인을 때려눕혀 튀어나오는 비명이 한국어인가 일본어인가를 듣는다며 한국인을 식별하는 방법까지 보도하였다.

27) 鐵道機關手 平田鐵의 목격 증언(崔承萬, 「在日韓國人과 東京大震災」, 『한국사』 제21책, p. 381에서 인용).

〈그림 13〉 관동대지진 때 머리를 잘린 한국인 시체들

죽여라 쳐버려라 하는 소리에 이제 와서는 경찰력이 미치지 못하는 사형私刑이 구성되고 있다. 박살형撲殺形, 타살형打殺形, 일도양단형一刀兩斷形, 사살형射殺形 등 외에 또 무슨 형을 고려하고 있다는 데까지 민중은 불령선인의 피에 주리고 있다. 이런 상태였기 때문에 조선사람은 말할 것도 없거니와 일본인을 조선인으로 잘못 보고 죽인 일이 도쿄에서는 중대한 문제가 되고 있는 것이다. 〔……〕 이런 일이 많이 있었기 때문에 경찰에서도 이것을 피하기 위하여 일본인에게 머리띠(하치마키)를 하게 함으로써 알아볼 수 있도록 하였다. 또 좀 가혹한 것은 때려눕히고서 아는 법인데, 일본말을 아무리 잘한다 해도 되게 치고 견디지 못하게 만들면 부지중 조선말이 나온다는 것이다. 이것이 가장 좋은 식별법이 아닌가 한다.[28]

일본 내무대신과 경시총감이 조선인 폭동에 관한 유언비어를 날조하여 행정명령으로 유포시킨 데 더해, 계엄사령부에서는 여기에 일본 사회주의자·공산주의자 들이 '조선인 폭동'을 지원하고 있다는 '유언비어'를 첨가해 유포하였다. 일본인들이 반신반의했으나, 일본 군부는 헌병대위를 보내어 무정부주의자 오스기 사카에大杉榮(대삼영)와 그 가족을 이 틈에 모두 살육하였다.

후에 관동대지진 때 조선인들이 했다고 이야기되던 방화와 독약 투약 등의 온갖 것은 모두 사실이 아니고 고의로 날조된 '유언비어'임이 증명되었다. 일본 경찰당국은 유언비어 가운데 단 한 건이라도 사실로 증명해보려고 주민의 고발과 신고를 권장했는데, 신고받은 경우에 달려가 보면 폭탄이라고 신고받은 것은 사과이거나, 독약이라고 신고받은 것은 설탕 등이었다. 내무성·경시청·자경단에서 퍼뜨린 유언비어가 사실로 나타난 것은 단 한 건도 없었다.

반면에 일본인을 조선인으로 오해하여 학살한 경우 피해 일본인 가족의 고발에 의해 그 후 조사 과정에서 조선인 대학살이 내무대신과 경시총감, 계엄사령부 최고위부에서 고의적으로 국민의 불만과 공격을 일본정부가 아닌 조선인에게로 돌리기 위해 조작되어 나온 것임이 증명되었다. 그와 동시에 말과 글로써 다 표

---

28) 『河北新聞』, 1923년 9월 7일자(崔承萬, 「在日韓國人과 東京大震災」, 『한국사』 제21책, pp. 374~75에서 인용).

현할 수 없는 조선인에 대한 야만적인 학살행위들이 드러나게 되었다.

3) 재일본 한국인 피학살자의 총계

관동대지진 때 일본인이 학살한 조선인의 총수 통계를 일본정부는 끝까지 발표하지 않았다. 오직 당시 전 경성일보 사장 아베阿部充家의 알선으로 한국인들이 간신히 '이재민 동포 위문반'을 조직해 보냈는데, 도쿄와 요코하마 지방에 살고 있던 약 3만 명의 한국인 중에서 약 7,580명이 수용소에 수용되어 목숨을 구했고, 수용소 밖의 시체 확인자가 2,613명이었으니, 이를 제외한 나머지 2만여 명 중 4분의 1이 학살당해 매장되었다고 추산해서, 약 5,260여 명이 학살당한 것으로 추정하였다.[29)]

당시 한국인 피살자를 정확히 조사하려고 노력한 기관은 상해 대한민국임시정부였다. 임시정부는 비밀리에 특파조사원들을 도쿄에 잠입시켜 동포들의 협조를 받아가며 지역별로 정밀하게 각종 방법의 조사를 진행했는데, 확인된 한국인 피살자 총계는 6,661명이었다.[30)]

일제는 대지진이라는 자연재해가 발생하자 대책이 미흡한 일본정부에 대한 국민의 불만과 공격을 피하려고 일본정부 내무대

---

29) 崔承萬, 「在日韓國人과 東京大震災」, 『한국사』 제21책, pp. 366~67, 381~85 참조.
30) 『獨立新聞』, 1923년 12월 5일자; 愛國同志援護會 編, 『韓國獨立運動史』, 1959, pp. 417~20; 『現代史資料』 제6권, pp. 338~41 참조.

〈그림 14〉 관동대지진 때 학살당한 한국인 시체들(한 곳에만 약 2천 명으로 추산되었다)

신과 경시총감이 아무런 잘못 없는 재일본 한국인을 식민지 백성이라고 해서 표적으로 만들어 무려 6,600여 명이나 형용할 수 없는 온갖 야수적, 야만적 방법으로 잔혹하게 학살한 것이었다.

4) 일제의 한국인 학살에 대한 보도 통제

일제총독부는 관동대지진 때의 재일본 한국인 학살에 대한 보도를 철저하게 통제하고 금지하였다. 『동아일보』와 『조선일보』는 한국인 학살에 대한 외신이 들어오자 이를 보도하려고 기사를 썼으나, 일제는 사전검열을 철저히 강화하여 한 줄도 보도하지 못하게 하였다.

『동아일보』와 『조선일보』가 1923년 9월 1일부터 11월 11일 사이에 재일본 한국인 학살에 대해 보도하려다가 일제 당국에게 차압 처분당한 것이 18회였다. 일본에서 발행되는 신문으로 같은 기간에 한국에 들어온 것을 처분한 것이 403건, 한국 안의 가종 보도문건을 처분한 것이 602건이었다. 일제는 '한국인 대학살'에 대한 한국에서의 보도를 철저하게 금압한 것이었다.

그러나 바로 바다 건너 일본 도쿄에서 일어난 '한국인 학살'이 인편을 통하여 입에서 입으로 한국 내에 전달되지 않을 리 없었다. 일제총독부는 이를 통제하기 위하여 1923년 9월 7일 '유언비어 취체령'이라는 것을 총독 제령으로 발표하였다. 1923년 9월과 10월 두 달 동안에 이 유언비어 취체령에 의거해 불온언동자로 훈계 방면한 것이 1,156건에 1,317명이었고, 체포 투옥한 것이 111건에 122명이었다. 일제가 한국인 학살을 한국 내 한국인에게 알리지 않으려고 얼마나 광분하고 탄압했는지를 여기서도 알 수 있다.

일제는 내무대신과 경시총감이 일본 수도 도쿄에서 전혀 사실이 아닌 유언비어를 날조하여 한국인 학살이 시작되게 하고, 조선총독은 한국에서 한국인 학살의 사실을 전하는 한국인의 말을 유언비어로 규정하여 '유언비어 취체령'으로 처벌 탄압한 것이었다. 그리하여 관동대지진 때 일제의 '재일본 한국인 대학살'은 한국인에게 제대로 알려지지 못하고 다음 해로 넘어가게 되었다.

당시 상해임시정부에서 비밀리에 파견된 특파조사원은 제1차 조사보고서를 보내면서 다음과 같이 통곡하였다.[31)]

나는 피가 끓고 고기가 뛰며 가슴이 두근거리고 눈물이 앞을 가리어 과연 붓을 들고 이것을 쓰기에 차마 못함이 있나이다. 이것을 보는 우리 사람이 뉘가 그렇지 않으리까만은 몸소 뫼 같은 송장을 봄에 가슴이 쓸리며, 두 눈으로 타고 남은 고기의 자취를 찾음에 몸이 떨리나이다. 아아 천지가 다함이 있은들 우리의 쌓인 원한이야 가실 날이 있으릿까. 슬프다 이 원수를 갚을 자 누가인가. 〔……〕

관동대지진 때 일제가 벌인 '재일본 한국인 대학살'은 인류사에서 유례가 없는 잔혹무비한 불법 학살 만행이었다. 이는 인권적 시각에서 반드시 재조명하여 새로이 연구해야 할 과제이다.

7. 민족언론기관에 대한 탄압

1) 1920년대 일제의 언론 통제와 탄압

일제는 1910년 8월 한국을 완전 식민지로 강점하자 구한말의 모든 신문·잡지 등 언론기관들을 폐쇄하고, 오직 조선총독부 기관지인 『매일신보每日申報』만을 남겨서 일제의 식민지통치를 선

31) 「一萬의 희생자」, 『獨立新聞』, 1923년 12월 5일자.

전케 하였다. 이 때문에 한국민족은 암흑천지에서 겨우 연명하고 있다가 3·1운동 봉기와 동시에 『조선독립신문朝鮮獨立新聞』 『국민신보國民新報』 『신대한보新大韓報』 『각성호회보覺醒號回報』 『국민회보國民會報』 『자유민보自由民報』 『자유신종보自由晨鍾報』 『독립운동뉴스』 등 무려 29종에 달하는 지하신문들을 발행하여 자기 의사를 표현하였다. 이러한 지하신문들은 인쇄 또는 등사로 발행되어 3·1운동을 고취하고 독립사상을 선전하는 언론독립투쟁을 전개해서 큰 성과를 내었다.[32)]

일제는 지하신문의 성행에 매우 당황하였다. 3·1운동에 대타격을 받고 종래의 식민지 무단통치의 수정이 불가피해지자, 1919년 9월 2일 교체된 신임 총독 사이토는 소위 '문화정치'를 표방하면서 "언론·집회·출판 등에 대하여는 질서와 공안 유지에 무방한 한 상당한 고려를 한다"는 약속을 공표하였다.

일제의 소위 '문화정치'는 근본적으로 한국민족의 독립운동을 회유하고 분열시키려는 목적으로 채택된 것이기는 하지만, 그 속에는 3·1운동이 쟁취한 부분도 있었으므로, 민족운동가들은 기민하게 이 기회를 포착하여 1919년 10월 10여 건의 신문사 설립을 신청하였다. 일제는 "일제의 통치를 교란시키지 않는 범위 내에서"라는 조건을 붙여, '배포 전 검열제도檢閱制度'의 전제하에서 1920년 1월 6일자로 『조선일보』 『동아일보』 『시사신문時事新聞』

32) 한상도, 「3·1운동 직후 『自由晨鍾報』 간행을 통해 본 국내 독립운동계의 동향」, 『한국근현대사연구』 제52집, 2010 참조.

의 3개 신문사의 설립을 허가하였다. 이어서 1920년 5월 22일자로 『개벽開闢』, 1922년 9월 12일자로 『신생활新生活』 『신천지新天地』 『조선지광朝鮮之光』의 잡지를 '신문지법'의 규제를 조건으로 허가하였다.

이 중 『조선일보』가 1920년 3월 5일 맨 처음 창간되었고, 이어 『동아일보』가 동년 4월 1일 창간되었다. 『시사신문』은 4월 1일 친일파 민원식閔元植에 의해 원래 친일신문으로 창간되었으나, 그가 도쿄에서 한국청년에 의해 처단된 후 경영권이 바뀌어 제호가 『시대일보時代日報』로 변경되면서부터 민족지의 하나가 되었고, 그 후 『중외일보中外日報』 『중앙일보中央日報』 『조선중앙일보朝鮮中央日報』로 개칭되었다.

그러나 일제의 이러한 신문·잡지의 발행 허가는 엄격한 언론통제와 탄압제도 아래서 이루어진 것이었다. 일제의 언론 탄압제도를 도식화하여 정리하면 다음과 같은 방법에 의한 것이었다.[33]

---

33) 鄭晉錫, 「민족지의 창간과 항일언론」, 『한국독립운동사』(국사편찬위원회) 제8권, 1990, p. 78; 정근식, 「식민지적 검열의 역사적 기원」, 『사회와역사』 제64권, 2003; 정근식, 「검열에서 선전으로」, 『사회와역사』 제80집, 2008 참조.

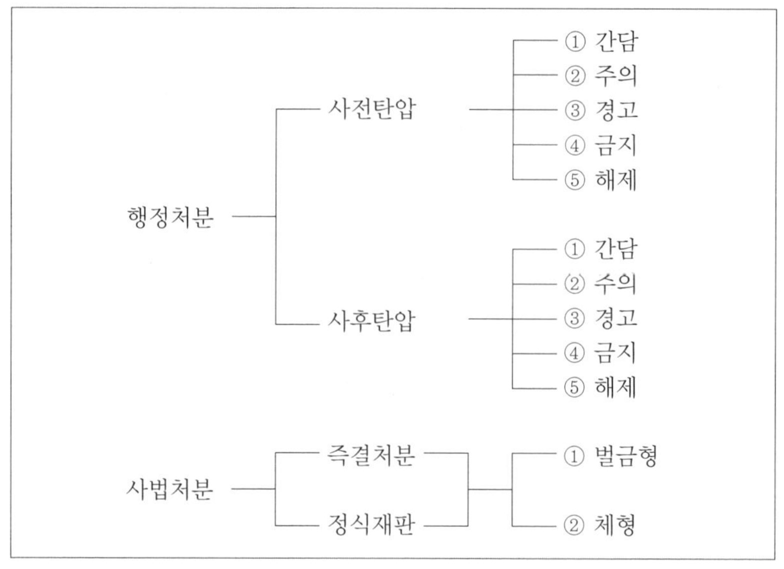

그러므로 일제의 신문·잡지 허가는 3·1운동을 일으킨 한국민족의 저항에 밀려 할 수 없이 허가하면서 탄압체제를 미리 만들어놓고 '문화정치'를 표방한 기만적인 것이었다.

『조선일보』와 『동아일보』는 창간 후부터 민족의식을 고취하였으며, 『시사신문』은 『시대일보』 『중외일보』 『중앙일보』 『조선중앙일보』로 개칭된 시기에 민족언론기관으로서 활동하였다.

민족지들이 1920년대에 일제의 탄압에 완강하게 저항한 사실은 〈표 7〉의 연도별 신문 압수건수에서도 잘 알 수 있다.

〈표 7〉을 보면, 일제의 신문 압수건수가 가장 많았던 때는 1924~27년으로 나타난다. 이는 일제의 '문화정치' 표방의 기만성과 언론 탄압을 잘 나타내주는 것이라고 할 수 있다.

1920년대에 일제는 '배포 전 검열제도' '삭제' '배포 금지' '정

〈표 7〉 1920년대 일제의 신문 압수건수

	1920	1921	1922	1923	1924	1925	1926	1927	1928	1929	1930
동아일보	16	15	15	14	56	57	33	44	26	28	21
조선일보	24	23	12	20	48	56	53	54	21	21	16
시대일보					49	38	24				
중외일보							2	38	26	25	23

자료: 조선총독부 경무국 도서과, 『朝鮮出版警察概要』, 『諺文新聞差押記事輯錄』 종합.
* 『시대일보』는 1924년에 창간되었으며 1926년에 『중외일보』로 개칭되었다(정진석, 『한국 언론사』, 나남출판, 1990, p. 451 참조).

간' '폐간' 등의 방법으로 한국 언론들을 탄압하였다. 당시 대부분의 언론인들은 단순한 기자가 아니라 정의와 민족권익을 지키는 애국지사처럼 일제의 언론 탄압에 대항하면서 신문·잡지를 발행하였다.

2) 일제의 간도 독립군 공격작전과 『동아일보』 『조선일보』의 무기정간

3·1운동 후 만주와 러시아령 일대에 40여 단체의 한국 독립군 부대들이 편성되어 국내 진입작전까지 전개하면서 일제 식민지 통치에 타격을 주자, 일제는 간도間島에 침입하여 독립군 '토벌'을 위한 계획을 수립, 실행하려 하였다. 이때 『조선일보』 『동아일보』 등 한국인 언론기관이 이를 보도하여 한국인들을 분기시킬 것을 우려해서 사전에 『조선일보』 『동아일보』 등을 정간시켜놓고 작전을 시작하려고 하였다.

『조선일보』는 창간된 후 불과 3개월 동안에 발매·반포 금지 및 압수 처분을 23회나 당하는 등 탄압을 받았다. 『조선일보』가 1920년 8월 27일자 사설에서 「자연의 화化」라는 제목으로 미국 의원단의 내한을 맞아 독립운동을 옹호하고 일제총독 사이토에게 폭탄을 던진 강우규 의사의 사형 기사를 동정적으로 보도하자, 일제는 1주일간의 정간 처분을 내렸다. 『조선일보』가 이에 굴하지 않고 복간한 9월 5일자의 첫 지면에 「우열愚劣한 총독부總督府 당국은 어찌하여 우리 일보日報를 정간시켰나뇨」라는 제목의 논설을 실어 항거하자, 일제는 『조선일보』를 다시 무기정간시켰다.

일제는 또한 『동아일보』가 「대영大英과 인도印度」라는 논설로 일제의 식민지통치를 비판하고, 「제사문제를 재론하노라」라는 사설로써 일본의 3종의 신기神器를 모독했다는 구실을 만들어 1920년 9월 25일 이 신문을 무기정간시켰다. 『동아일보』는 1940년 8월 10일 폐간당할 때까지 무기정간 4회, 압수 489회의 탄압을 받으며 언론민족운동을 전개하였다.

종래 『조선일보』와 『동아일보』의 제1차 무기정간에 대해서는 위에서 든 논설들을 이유로 들어왔다. 그러나 여기에는 더 깊은 이유가 있었다.

일본군이 1920년 6월 만주 간도의 화룡현 봉오동鳳梧洞 골짜기에서 벌어진 일명 '봉오동전투'에서 한국 독립군에게 참패하자 일본군은 독립군의 융성에 큰 충격을 받고 경악하게 되었다. 이를 계기로 일본군은 1920년 8월에 '간도지방불령선인초토계획間島地方不逞鮮人剿討計劃'이라는 독립군 토벌작전을 수립하고, 1920년

9월 2일자로 동원될 각 부대에 출동 준비를 하도록 통보하였다.

일본군의 이 독립군 토벌작전 계획은 5개 사단에서 차출한 2만 5천 명의 일본군 병력으로 약 2개월의 기간에 걸쳐 독립군을 이중으로 포위해서, 제1단계(1개월)에서는 독립군의 무장독립운동을 완전히 '섬멸'하여 뿌리 뽑고, 제2단계(1개월)에서는 비무장 독립운동까지 발본색원해서 한국독립운동을 완전히 뿌리 뽑겠다는 것이었다. 일제는 1920년 10월부터 이 군사작전 실시에 앞서 종래 완강하게 언론민족운동을 전개해온 『조선일보』와 『동아일보』를 그대로 두면 한국 내에서 이 군사작전에 대한 완강한 저항이 있을 것을 예견하여 9월 중에 두 민족지를 무기정간시킨 것이었다.

『조선일보』와 『동아일보』가 복간된 것은 일본군의 이 군사작전이 끝난 1921년 1월이었다. 그러나 일본군은 이 간도 침입작전에서 독립군을 토벌하려다가 청산리독립전쟁에서 도리어 한국독립군에게 참패를 당하였다. 이에 일본군은 패전에 대한 보복으로 간도 일대의 한국인을 3,469명 이상 학살하는 '경신참변' '간도학살사건'이라고 부르는 대살육을 자행하였다.[34)]

일본군의 간도 지방 한국인 학살 소식이 국내에 전해지자 『동아일보』 조사부장이었던 장덕준張德俊 기자는 『동아일보』가 무기정간 중이었음에도 불구하고 이를 취재하기 위하여 간도로 건너

34) 「西北間島同胞의 慘狀血報, 臨時政府墾島通信員의 確保」, 『獨立新聞』, 1920년 12월 18일자 참조.

갔다. 그는 1920년 11월 6일 간도의 용정龍井에 도착한 후 일본군사령부를 찾아가서 동포의 학살 진상을 묻고 여관으로 돌아왔는데, 그날 심야에 일본군사령부에서 보낸 일본군인들이 그를 연행한 후 아무도 모르게 살해해버리고 말았다. 장덕준은 일제에 항거하다 순직한 애국기자였다.

언론민족운동을 완강히 전개한 것은 비단 신문만이 아니었다. 이 시기에 발행된 잡지들도 일제의 식민지통치에 완강히 저항하여 독립사상을 고취함으로써 많은 탄압을 받았다.

당시 한국 언론기관 기자들은 언론집회압박탄핵회言論集會壓迫彈劾會의 결성과 활동,[35] 전조선기자대회와 전조선민중운동자대회 등을 개최하여 일제의 조선 언론 탄압에 완강히 저항하였다.

3) 6·10만세운동과 광주학생독립운동 보도

1926년 6·10만세운동이 일어나자 일제는 보도 통제를 더욱 강화했고, 일제에 대항하는 민족지들의 언론투쟁은 다시 과감하게 전개되었다.[36]

『동아일보』는 일제의 보도 통제를 무시하고 6·10만세운동을 신속히 국민들에게 알리기 위해 호외를 발행하였다.[37]

---

35) 張錫興, 「1924년 언론집회압박탄핵운동의 전개와 성격」, 『韓國學論叢』 제21집, 1999 참조.

36) 장석흥, 「6·10만세운동의 역사적 성격」, 강영심·권오영 외, 『한국민족운동사연구』, 나남출판, 2003.

37) 『東亞日報』, 1926년 6월 10일자, 호외.

『조선일보』는 「팔면봉八面鋒」이라는 비평란에서 "창덕궁 앞에 모인 일반 민중의 곡반哭班이 인산인해人山人海가 되어 곡성철천중哭聲澈天中, 헌병·경찰관은 대열을 지어 이 호곡號哭을 저지하고 참배를 방해하여 곡반에도 자유가 없다"고 보도하였다.[38] 일제는 이 보도에 격분하여 압수·삭제 처분을 가했으나, 『조선일보』는 6·10만세운동으로 피검된 애국자들의 공판 상황을 동정적으로 상세히 보도하여 국민들의 민족의식과 독립사상을 크게 고취하였다.

일제에 대항하여 민족지들이 완강한 언론투쟁을 전개한 것은 1929년 '광주학생독립운동' 때였다. 1929년 11월 3일 광주학생독립운동이 폭발하자 일제는 즉각 보도관제를 실시하여 이 운동에 대한 어떠한 단편적 보도도 엄금하였다. 이 보도관제는 56일간이나 지속되어 그해 12월 29일에야 겨우 해제되었다. 그러나 민족지들은 이에 굴하지 않고 이 운동의 보도에 총력을 기울였다.

『조선일보』는 11월 7일자에 「학생충돌사건」이라는 표제로 광주학생독립운동을 보도하기 시작하여 모두 17건의 보도기사와 논설이 압수 처분을 당하였다.[39] 『동아일보』도 11월 7일자에 「광주고보 중학생 충돌사건」이라는 제목으로 광주학생독립운동을 보도하기 시작하여 모두 14건에 달하는 보도 기사와 논설이 삭제

38) 『朝鮮日報』, 1926년 6월 11일자 참조.

39) 『朝鮮日報』, 1929년 11월 7일자 참조.

당하였다.[40] 『중외일보』도 11월 7일자에 「귀향 학생까지도 속속 검거」라는 표제로 광주학생독립운동을 보도하기 시작하여,[41] 모두 11건에 달하는 보도와 논설기사가 삭제 처분을 당하였다. 『중외일보』는 특히 「소학생충돌」이라는 제목으로 전국 각지의 중학생은 물론이요, 서울에서는 보통학교, 소학교 학생들까지 학생독립운동에 가담했음을 보도하여 이 운동을 고취하였다.[42]

8. 민족교육운동과 일제의 탄압

1) 3·1운동 직후 민족교육운동의 발흥과 일제의 탄압

한국민족의 3·1운동은 일제의 식민지교육정책에 직접적 타격을 가하였다. 이미 쓴 바와 같이, 일제는 1910년 한국을 완전 식민지화하자, 1911년 8월 '조선교육령'을 공포해서 식민지 노예교육을 시작하였다.

일제의 식민지교육정책은 일본인과 한국인을 교육제도에서도 차별하여, 한국 거류 일본인들은 소학교(6년)→중학교(5년)→대학교(4년)의 체계를 따라 진학하고, 한국인은 교육을 받으려는 경우 보통학교(4년)→고등보통학교(3~4년) 또는 실업학교

40) 社說 「光州學生事件의 意義」, 『東亞日報』, 1929년 1월 29일자 참조.
41) 『中外日報』, 1929년 11월 7일자 참조.
42) 『中外日報』, 1929년 12월 17일자 참조.

(4년)→전문학교(2~3년)의 체계로 진학하도록 정하였다. 이것은 한국인들에게서 사회과학 고등교육을 배제하여 비판의식을 갖지 못한 일본의 노예적 심부름꾼으로 만들기 위한 교육체계였다.

하지만 일제의 이러한 식민지교육정책은 3·1운동에 의해 더 유지할 수 없게 되었다. 우선 학생들이 '식민지교육' 수업을 거부하고 등교하지 않았기 때문이다. 3·1운동이 일어난 6개월 후인 1919년 9월 1일 기준 서울 고등보통학교 및 전문학교 학생들의 출석 상황은 절반도 안 되었다.[43] 한국인들이 일제 식민지 노예교육을 정면으로 강력히 거부한 것이었다.

또한 한국의 지도적 지식인들이 결사체를 조직하면서 일제 식민지교육정책을 비판하고 민족교육운동을 다시 시작하였다. 예컨대 1920년에는 한규설韓圭卨, 이상재李商在 등을 비롯한 민족주의자들이 '조선교육회朝鮮教育會'를 결성했으며,[44] 선각자들이 '조선여자교육협회朝鮮女子教育協會'를 결성하여 민족교육운동을 본격적으로 시작하였다.[45]

조선교육회는 일제가 한국에는 '대학' 설립과 '대학교육'을 인가하지 않는다는 점에서 식민지교육정책을 통렬하게 비판하였다. 1920년 6월 23일 한규설, 이상재 등 민족운동가 100여 명은 조선교육회 발기총회에서, 이 단체의 사업으로서 조속한 시일 내에

43) 「京城市內ノ不穩狀況」, 『現代史資料』 제25권, 「朝鮮(1)」, pp. 508~509 참조.
44) 『東亞日報』, 1920년 6월 23일자 참조.
45) 『東亞日報』, 1920년 4월 14일자 참조.

7개 단과대학을 내용으로 하는 조선민립종합대학朝鮮民立綜合大學을 설립하기로 결의하였다.[46)]

이것은 구한말 국채보상운동 때의 결의를 계승하여 일제의 식민지 노예교육정책을 극복하려 한 것이었다. 국채보상운동이란 구한말에 대한제국의 일본 차관 1,300만 원의 국채를 국민들이 '담배 끊기'로 절약한 금액을 모아 갚아버리자는 운동으로 1907년 1월에 시작되었다. 하지만 1910년 일제의 병탄으로 나라를 잃자 모금된 금액을 각자에게 돌려주지 말고 민립대학을 설립하기로 결의한 다음 민립대학기성회民立大學期成會를 조직해서 당시 조선총독인 데라우치에게 설립 허가를 신청했다가 거부당했었다. 3·1운동 후의 민립대학 설립운동은 다른 조건에서 이를 계승한 것이었다.

이상재 등 50여 명은 1921년 1월 23일 '조선민립대학기성준비회朝鮮民立大學期成準備會'를 결성하고, 집행위원들을 전국 각지에 파견하여 발기인 모집활동을 전개하였다.[47)] 일제는 "만일 문화민족 조선인에게 대학교육을 자유로이 받을 수 있는 길을 터놓으면 일본의 조선 지배는 머지않아 종언을 고할 날이 닥쳐온다"고 하며 매우 당황하였다.

---

46) 孫仁銖, 「朝鮮民立大學 設立에 關한 硏究」, 『교육학연구』 5-1, 1967; 河部洋, 「日本統治下朝鮮の高等教育: 京城帝國大學と民立大學設立運動をめぐって」, 『思想』 제565집, 1971; 金鎬逸, 「日帝下 民立大學設立運動에 對한 一考察」, 『中央史論』 제1권, 1972; 盧榮澤, 「民立大學設立運動 硏究」, 『國史館論叢』 제11집, 1990; 李明花, 「民立大學設立運動의 背景과 性格」, 『한국독립운동사연구』 제5집, 1991 참조.

47) 『東亞日報』, 1922년 12월 26일자 참조.

일제 조선총독은 민립대학기성준비회 집행위원들에게 '조선교육령'은 조선에서의 대학 설립을 금지하고 있으므로 조선민립대학 설립은 불가능하니 그 대안으로 일본 도요대학東洋大學의 분교 설립을 제의하였다. 한국인 일부에게서 분교로서의 조선민립대학 설립을 검토하자는 여론이 나오자, 일제는 다시 태도를 바꾸어 조선교육령과 일본대학령은 분교 설치도 인정하지 않고 있으므로 그것이 불가능하다고 주장하였다. 그러면서 현재의 경성의학전문학교를 관립조선의과대학官立朝鮮醫科大學으로 개편하는 것을 민립대학기성준비회와 조선총독부가 합동으로 추진하자고 제의하였다.

이것은 모두 한국인의 반응을 보아 한국에서의 대학 설립, 특히 인문·사회과학이 포함된 한국인에 의한 종합대학 설립을 저지하기 위한 기만책에 불과한 것이었다.

2) 일제의 '제2차 조선교육령'의 기만정책

일제는 한국민족이 격렬하게 일제의 식민지교육정책을 비판하고 저항하면서 완강하게 민립대학의 설립을 추진하는 것을 보고, 한국에서 대학을 설립하지 않고서는 이를 저지할 방법이 없음을 알게 되었다. 이에 일제는 1922년 2월 '조선교육령'을 개정하여 식민지 조선에서 '민립대학' 설립은 인가하지 않으나 '관립대학'은 설립할 수 있도록 하는 소위 '제2차 조선교육령'을 공포하였다. 불가피한 경우에 일제가 관립대학을 설립함으로써 조선민립대학 설립운동을 저지하려고 한 것이다.

일제가 1922년 2월 '조선교육령'을 개정한 골자는 다음과 같았다.[48)]

(1) '국어'(일본어)를 상용하지 않는 자(한국인을 의미)의 수학연한은 보통학교의 수학연한을 4년에서 6년으로, 고등보통학교는 4년에서 5년으로, 여자고등보통학교는 3년에서 4년 또는 5년으로 연장한다. 단, 일본어를 상용하지 않는 학교의 경우 임시로 종전의 수학연한을 사용할 수 있다.
(2) 종래 일본어와 한문만 필수과목으로 한 것을 조선어도 필수과목으로 할 수 있으며 한문은 임의과목으로 한다.
(3) 사범학교를 설립할 수 있고, 수학연한은 남자사범학교는 6년, 여자사범학교는 5년으로 한다.
(4) 대학교육도 인정하되 대학 예과의 교원 자격은 조선총독이 정하도록 한다.

일제의 이러한 교육령 개정은 종래의 한국인과 일본인의 교육차별정책에서 한국인을 '국어를 상용하지 않는 자,' 일본인을 '국어를 상용하는 자'로 표현만 바꾸고 수학연한만 대체로 일치시켰을 뿐이지 한국인(보통학교→고등보통학교→전문학교 또는 대학교)과 일본인(소학교→중학교→대학교)의 차별적 이원제도는

48) 『朝鮮法令輯覽』 제16집, p. 19 참조.

그대로 지속 유지한 기만책이었다. 또한 한국인도 대학교육을 받을 수 있다고 완화하기는 했지만 이것은 (일제가 한국에 대학을 설립하는 경우에) 한국인에게 대학교육을 받을 수 있게 허용한다는 것이었지 한국인의 '대학 설립'을 허용한다는 것은 아니었다. 제2차 조선교육령에서 대학 교원의 자격은 총독이 정한다고 되어 있지만 대학 설립에 대해서는 한 글자도 언급이 없음이 이를 증명해준다. 이것은 제도상 대학 설립을 장려한 구한말에도 미치지 못하는 수준이었다.

일제는 한국인의 수학연한은 연장시켜놓고 교육 내용과 교과서에 대해서는 날조 과장된 일본역사와 일본문학, 일본지리 교육을 대폭 강화했으며, 일본어는 필수과목으로서 주 5시간 이상씩으로 하고 조선어는 주 1시간만을 허용하였다. 또한 지방 보통학교와 고등보통학교에서는 종전의 4년제를 지속해도 좋다는 조치에 따라 종전대로 유지하는 학교가 대부분이었다.

일제가 조선교육령 개정에서 역점을 둔 것은 외양을 차별 완화한 문구로 장식하여 조선인의 저항을 줄이면서, 한국민족말살의 정신교육과 일본숭배사상 배양 강화를 획책한 것이었다. 예컨대 1923년에 총독부가 제정한 필수과목인 『보통학교 국사』(일본사)의 '삼국 시대' 부분은 다음과 같이 서술되어 있다.[49]

이 무렵 조선에는 신라·백제·고구려의 3국이 있어 이를 삼한三

49) 鄭在哲, 『日帝의 對韓國植民地教育政策史』, 一志社, 1985, pp. 366~67 참조.

韓이라고 하였다. 그 가운데 신라는 가장 우리나라(일본)와 가깝고 또한 그 세력이 강하였다. 〔……〕 이에 스스로 군대를 이끌어 신라를 토벌하였다. 신공황후神功皇后는 군선을 이끌고 대마도에 건너가 그곳으로부터 신라로 쳐들어갔다. 군선軍船이 바다에 가득하여 그 형세가 매우 성盛하매 신라왕은 크게 두려워하여 말하기를 "동방에 일본日本이라는 신국神國이 있고 천황天皇이라고 하는 훌륭한 군주가 있다고 들었다. 지금 오는 것은 바로 일본의 신병일 것이다. 어떻게 맞아 방어할 수 있을까"라고 즉각 백기를 들고 항복하여, 황후의 앞에서 맹세하기를 "만일 태양이 서쪽에서 뜨고 강물이 거꾸로 흐르는 경우가 있을지라도 매년 공물貢物은 소홀히 하지 않겠습니다"라고 하였다. 이윽고 황후는 개선(승리)하셨다. 그 후 백제와 고구려의 두 나라도 또한 우리나라(일본)에 복종하게 되었다. 그리하여 이때부터 조선은 천황의 덕德에 이끌려 따르게 되었다.

위의 기술은 물론 역사적 사실이 아닌 날조한 것이었다. 이 교과서가 쓴바 소위 신공황후가 기원후 2~4세기에 신라를 정복하여 가라 지방에 직할식민지를 설치해서 '임나일본부'라는 총독부를 설치했다는 시기에, 일본은 아직 고대국가도 수립하지 못한 상태였으며, 막강하고 선진적인 문명국가인 백제·고구려·신라가 스승이 되어 선진문명을 일본에 전수해주는 단계였다. 일본 학자들이 '일본'이라는 호칭 자체가 7세기에 정립된 것임을 모두 인정하고 있는 사실에서도 2세기에 '일본부' 운운하는 것이 얼마

나 날조된 기술인지를 잘 증명해준다.[50)]

그럼에도 일제는 역사·일본어·수신修身 시간에는 위와 유사한 내용의 교과 내용을 가르치게 강제하여 한국민족의 의식과 정신 속에 일본숭배사상과 한국민족 패배의식을 주입하려고 획책하였다. 한국인들은 이러한 식민지 노예교육을 거부하고 진실과 일치하는 민족교육을 요구한 것이었다.

3) 조선민립대학 설립운동과 경성제국대학

조선민립대학기성준비회는 일제의 간교한 기만정책과 탄압정책에 굴하지 않고 1923년 3월 29일 발기인 1,170명 중 462명이 참가한 가운데 '조선민립대학기성발기총회'에서 '조선민립대학 설립계획'을 통과시켰다. 이에 의하면 조선민립대학 설립 시기를 3기로 나누어, 제1기에는 자금 400만 원으로 대지 5만 평을 구입하여 교실 10동, 대강당 1동을 건축하며, 교수를 양성하고 도서관을 설립하며 법과法科·문과文科·경제과經濟科·이과理科의 4과를 설치하도록 하였다. 제2기에는 자금 300만 원으로 공과工科를 설치하고 이과 및 기타 과의 충실을 기하며, 제3기에는 자금 300만 원으로 의과醫科와 농과農科를 설치한다고 정하였다.

조선민립대학 설립운동에 대하여 서울과 전국 각 지방에서의 호응도 광범위하게 일어났다. 국외에서도 민립대학 설립운동에

50) 김석형, 『초기조일관계사』 하권, 사회과학출판사, 1988, pp. 171~302 참조.

대한 호응이 일어나서, 만주의 간도에서는 이 운동에 찬성하여 민립대학기성회 발기인을 선정하였고, 멀리 하와이 동포들도 이에 적극 참여하여 민립대학기성회 지부를 결성하였다.

한국민족의 민립대학 설립운동이 성공할 전망을 보이자, 일제는 매우 당황하여 이를 저지하기 위한 탄압과 방해와 회유공작을 가중시켰다. 일제는 조선민립대학 설립운동에는 정치적 독립 의도와 불온사상이 포함되어 있다고 규정하면서 경찰력을 동원하여 탄압을 서둘렀다. 또한 설립기금 갹출권고 강연은 배일사상排日思想 고취라면서 경찰을 동원하여 중단시키고, 설립기금 갹출자들과 헌납자들을 각 지방 경찰서에 호출하여 기금 갹출의 동기, 목적, 연락 관계자들을 심문하는 등 온갖 협박과 방해공작을 자행하였다.

일제는 한국민족의 민립대학 설립을 유산시킬 목적으로 서둘러 1924년 5월 서울에 경성제국대학 예과豫科를 설립하였다.[51] 이 대학은 물론 한국인을 위한 고등교육기관이 아니라 일본인 거류민 자제들을 식민지 관리官吏로 양성할 목적으로 설립된 것이었고,[52] 한국인 학생들은 소수만 특정학부에 제한하여 입학시키도록 하였다.[53]

---

51) 張世胤, 「日帝의 京城帝國大學 설립과 운영」, 『한국독립운동사연구』 제6집, 1992; 정일균, 「일제의 식민통치와 식민주의적 근대지식의 형성」, 『사회와역사』 제91집, 2011 참조.

52) 이준식, 「일제강점기의 대학제도와 학문체계」, 『사회와역사』 제61집, 2002 참조.

53) 경성제국대학은 1924년에 예과를, 1926년에 법문학부와 의학부를 설립하고 일제총독부 정무총감이 학장에 취임하였다. 처음에는 이공학부는 두지 않기로 했다가 중국

경성제국대학 설립 후에 조선민립대학 설립운동은 연이은 흉작까지 겹쳐서 중단되었다. 그러나 경성제국대학 개교일에 이상재가 "그 대학은 우리 민립대학의 변신變身이야"라고 논평한 바와 같이, 일제는 조선민립대학 설립운동에 큰 충격을 받고 급히 경성제국대학을 설립하여 조선민립대학 설립을 막은 것이었다.

4) '조선인 본위' 교육운동에 대한 탄압

민립대학 설립운동 후에도 한국인들의 민족교육운동은 완강하게 전개되었다. 요구조건의 초점은 ① 조선인 본위의 교육, ② 교육에서의 조선어 사용, ③ 조선인 교사의 채용 등이었다. 예컨대 조선교육회는 1927년 11월 12일 '교육주간'을 정하여 민족교육을 주창하고, 그 운동 목표를 다음과 같이 반포하였다.

(1) 우리는 자연적 인간성에 위반되는 교육을 반대하고 하루라도 속히 조선 본위의 교육을 획득하기를 기한다.
(2) 문맹타파 운동을 고조하여 대중교육을 수립하기를 기한다.[54]

신간회 중앙본부는 1927년 운동 중에서 교육 부문의 주장과 요구에서 '조선인 본위 교육'을 주장하였다. 또한 1928년 3월에는

침략 후 필요에 의해 1938년에 이공학부를 신설하였다. 법문학부에는 법과·철학과·사학과·문학과를 두었다.

54) 독립운동사편찬위원회 엮음, 『독립운동사』 제8권, pp. 399~400.

당면 과제 6항목을 발표했는데, 그중 세번째 항목을 '조선인 본위의 교육 확보'로 설정하여 활동하였다.[55)]

1920년대 당시에 고등보통학교급 이상에서는 전국적으로 광범위한 동맹휴학이 일어났는데 그 요구조건이 모두 '조선인 본위 교육' '민족교육'의 허가에 관한 것이었다. 학생들의 요구조건에서 특이하게 첨가된 것은 일본인 교사들을 지명하여 배척한 것뿐이었다. 학생들의 민족교육운동은 그 내용에 있어서나 그 방법에 있어서나 매우 솔직한 것이었고, 실제로 일제 식민지정책에 상당히 큰 타격을 준 것이었다.

일제는 한국민족말살정책의 골간을 유지하기 위해 조선인 본위 교육을 끝까지 탄압하였다.

5) 광주학생독립운동과 일제의 탄압

일제의 한국민족말살 식민지교육체제에 또 한 번 치명타를 입히고, 3·1운동 이후 최대 규모의 학생민족독립운동을 전국적으로 일으킨 것은 1929년 11월 '광주학생독립운동'이었다.

1929년 10월 30일 전라남도 나주 역전에서 일본인 학교인 광주중학교 학생 수 명과 한국인 학교인 광주고등보통학교 학생 수 명의 작은 충돌이 일어났다. 이 충돌은 11월 3일 일제 식민지교육과

55) 安在鴻, 「實際 運動의 當面課題: 新幹會는 무엇을 할까」, 『民世安在鴻選集』 제1권, 지식산업사, 1981, pp. 270~74 참조.

억압정책에 분노한 광주의 여러 고등보통학교 학생들의 시위운동으로 번졌고, 이것이 다시 신간회와 각종 청년단체의 활동을 매개로 하여 전국 학생민족독립운동으로 크게 발전하게 되었다.

광주에서 시작되어 전국으로 퍼져 나간 이 학생민족독립운동에는 1929년 11월 3일부터 이듬해 3월 말까지 약 5개월간 일제 통계로도 참가 학교가 164개 학교, 참가 학생 수가 전국 5만 4천여 명으로서, 당시 중등학교급 이상 학생 수 8만 9천 명 중에 약 60퍼센트가 참가한 방대한 규모의 것이었다.

봉기한 학생들은 하나같이 "조선인 본위 교육제도 확립" "식민지 노예교육 철폐" "언론·집회·결사·출판의 자유 획득" "교내 학생자치권 옹호" "경찰의 학교 침입 반대" "일본 제국주의 타도" "피압박민족 해방 만세" 등을 절규하였다.

광주학생운동의 파급으로 1920년대 일제의 식민지정책과 한국민족말살정책은 심각한 타격을 입었다. 일제는 이 학생민족운동에도 가혹한 탄압을 가하였다. 일제 경찰은 무려 1,642명을 주모자로 기소했으며, 582명이 퇴학당했고 2,330명이 무기정학을 당하였다.[56]

일제는 평화적 시위에 중형을 가하기 힘들게 되자, 소위 '치안유지법' 제1조에 '결사'의 조직행위 금지가 가장 가혹함을 이용하여, 학생들의 '독서회'들을 '정치적 비밀결사'로 견강부회해서, 예컨대 다음과 같이 적용하였다.[57]

---

56) 신용하, 『일제강점기 한국민족사』 중권, 서울대학교출판부, 2002, pp. 465~88 참조.

(1) 광주학생 비밀결사 '성진회醒進會' 사건. 장재성張載性 등 치안유지법 위반, 징역 7년(기타 생략).

(2) 광주학생 비밀결사 '독서회讀書會' 사건. 김상환金相奐 등 치안유지법 위반, 징역 4년(기타 생략).

(3) 광주여고보 비밀결사 '소녀회小女會' 사건. 장해성張海性 등 치안유지법 위반, 징역 2년(기타 생략).

(4) 대구상업 비밀결사 '태극단太極團' 사건. 이상호李相虎 등 치안유지법 위반, 징역 10년(기타 생략).

(5) 광주 서중학교 독립운동 사건. 남정준南廷俊 등 치안유지법 위반, 징역 4년(기타 생략).

일제는 광주학생운동을 전국운동으로 확대 발전시키기 위해 '민중대회' 개최를 결정한 신간회 중앙본부의 중요 간부들과 동조단체 간부들도 1929년 12월 13일 '예비검속'으로 검거 투옥하였다.[58] 이때 일제가 검거 투옥한 인사들은 신간회 본부와 동조단체 간부들인 허헌許憲, 유진태兪鎭泰, 권동진權東鎭, 서정희徐廷禧, 김항규金恒奎, 이민홍李敏洪, 한용운韓龍雲, 홍기문洪起文, 김병로金炳魯, 박희도朴熙道, 이종린李鍾麟, 박양신朴陽信, 유한일劉漢日, 김옥빈金玉斌, 조정호曺定昊, 정종명鄭鍾鳴 등 40여 명에 달하였다.[59]

57) 鈴木敬夫, 『朝鮮植民地統治法の研究: 治安法下の皇民化教育』 제1권, 北海道大學圖書刊行会, 1989, pp. 163~69 참조.

58) 신용하, 『신간회의 민족운동』(신판), 지식산업사, 2017, pp. 216~21, 306~307 참조.

〈그림 15〉 민중대회로 투옥당했다가 출옥한 신간회 간부들(1932)

일제는 체포한 이들을 가혹하게 박해하여 허헌, 홍명희洪命憙, 이관용李灌鎔, 김무삼金茂森 등은 옥중에서 중병에 걸렸다. 일제는 재판에서 허헌, 홍명희, 이관용에게는 각각 징역 1년 6개월을, 조병옥趙炳玉, 김동준金東駿, 김무삼 등에게는 징역 1년 4개월의 실형을 언도하였다.

일제의 잔혹한 민족말살정책과 탄압 속에서도 한국민족의 자유해방 독립을 향한 투쟁의 불길은 꺼지지 않고 줄기차게 타올랐다.

59) 安在鴻, 「검거 남발은 불가」(『조선일보』, 1930년 3월 5일자 논설), 『民世安在鴻選集』 제6권, 지식산업사, 2005, pp. 136~37 참조.

9. 민족언어·문자 및 민족역사 보전과 일제의 탄압

1) 한국어·한글 보존 발전운동에 대한 억압

일제는 강점기에 한국민족말살정책의 하나로 한국민족문화를 말살하려고 획책하였다. 한국어·한국역사의 말살과 한국민족문화 말살이 일제 문화정책의 핵심이었다.[60]

이에 대항하여 한국 학자들은 민족과 민족언어 및 민족문자(한글)를 지키기 위하여 조선어강습원朝鮮語講習院을 비롯하여 조선어연구회朝鮮語硏究會를 조직하여 활동하였다. 조선어연구회는 회원들이 ① 전국순회 계몽강연, ② 가갸날(한글날) 제정(1926), ③ 『한글』 잡지 발간(1927), ④ 『조선말큰사전』 편찬 결정 등의 큰 활동을 하였다. 조선어연구회는 1931년 1월 10일 명칭을 '조선어학회'로 바꾸어 완강하게 활동하였다. 조선어연구회 회원들은 단체 활동과 함께 개별적으로도 한국어·한글을 연구 저술하여 등사하거나 간행하였다. 1920년대 전후의 그 대표작들을 몇 가지 들면 다음과 같다.

(1) 주시경周時經, 『말의 소리』, 신문관新文館, 1914.

(2) 김두봉金枓奉, 『조선말본』, 새글집(新文館), 1916.

---

60) 이준식, 「일제 침략기 한글운동 연구」, 『한국사회사연구회논문집』 제49집, 1996; 李智媛, 「1920~30년대 日帝의 朝鮮文化支配政策」, 『歷史教育』 제75집, 2000 참조.

(3) 안확安廓, 『조선문법朝鮮文法』, 회동서관滙東書館, 1917.

(4) 최재익崔在翊, 『조선어의 선생』, 오사카 옥호서점, 1918.

(5) 이규영李奎榮, 『한글적새』(전6권, 미간행), 1919.

(6) 이규영, 『현금조선문전現今朝鮮文典』, 신문관, 1920.

(7) 강매姜邁, 『조선어문법제요朝鮮語文法提要』, 광익서관, 1921.

(8) 김두봉, 『깁더 조선말본』, 상해, 새글집, 1922.

(9) 권덕규權悳奎, 『조선어문경위朝鮮語文經緯』, 광문사, 1923.

(10) 이규방李奎昉, 『신찬조선어법新撰朝鮮語法』, 이문당, 1923.

(11) 이진환李震桓, 『조선문직해朝鮮文直解』, 덕흥서림, 1924.

(12) 이상춘李常春, 『조선어문법朝鮮語文法』, 개성영남서관, 1925.

(13) 최현배崔鉉培, 『우리말본』, 연희전문학교출판부, 1929.

(14) 장지영張志映, 『조선어철자법강좌朝鮮語綴字法講座』, 활문사, 1930.

이러한 한국어·한글 운동은 일제의 한국민족말살정책에 정면 대항해서 일제의 각종 음험한 탄압을 받아가면서 뚜렷한 민족의식을 갖고 민족보전과 민족독립을 위하여 실행된 것이었다.

일제는 1920년대 각 부분에서 한국민족독립운동이 거세게 불타오르고, 만주에서는 독립군의 무장투쟁이 완강하게 전개되고 있었기 때문에, 그 대책에도 탄압 역량이 부족하여 국내외 한국언어·한글 연구에는 간악한 검열과 억압만 가했지 아직 투옥시키지는 못하였다.

2) 민족역사의 보전 및 발전운동에 대한 탄압

일제 식민지정책의 일환으로서 한국역사 왜곡말살정책에 대항하여 1920년대에 학문적으로 민족사학을 발전시킨 학자로서는 박은식朴殷植, 신채호申采浩, 장지연張志淵, 정인보鄭寅普, 황의돈黃義敦, 권덕규, 안확, 남궁억南宮檍, 장도빈張道斌, 박해묵朴海黙 등이 있었다.[61] 이 중에서도 가장 날카롭게 한국민족사에 대한 일제의 식민주의사관을 비판하고 한국민족사학의 발전에 기여한 학자는 박은식과 신채호라고 할 수 있다.[62]

박은식(1859~1925)은 1911년 4월 독립운동을 하기 위해 중국으로 망명한 후에 『동명성왕실기東明聖王實記』『발해태조건국지渤海太祖建國誌』『몽배금태조夢拜金太祖』『명림답부전明臨答夫傳』『천개소문전泉蓋蘇文傳』『단조사고檀祖事攷』『대동고대사大東古代史』『안중근전安重根傳』 등을 쓰고, 망명 후 꾸준히 집필하던 『한국통사韓國痛史』를 드디어 1915년 완성하여 간행하였다. 박은식은 『한국통사』에 이어서 『한국독립운동지혈사韓國獨立運動之血史』(1920)를 저술, 간행하여 일제의 한국 침략을 통렬히 비판하고 한국독립운동의 역사를 서술하면서 '한국근대사' 부문을 최초로 체계화하여 새로이 정립하였다.

신채호(1880~1936)는 일제 식민주의사관을 철저히 비판하는

61) 李基白, 「新民族主義史觀과 植民主義史觀」, 『韓國史學의 方向』, 一潮閣, 1978 참조.
62) 金容燮, 「우리나라 近代歷史學의 發達(1·2)」, 『文學과知性』 제4호/제9호, 1971/1972; 韓永愚, 『韓國民族主義史學』, 一潮閣, 1994 참조.

한편으로 '한국고대사'를 새로 체계화하였다. 그는 구한말에 『독사신론讀史新論』(1908)을 발표하여 근대 민족주의사관에 의거한 한국 근대사학 성립에 선구적 업적을 낸 바 있다. 또한 구한말에 이미 『을지문덕乙支文德』(1908), 『수군제1위인 이순신전水軍第一偉人 李舜臣傳』(1908), 『동국거걸 최도통전東國巨傑 崔都統傳』(1909) 등 역사상 위인들의 전기를 발표하기도 하였다.[63)]

신채호는 1910년 4월 망명 후에도 꾸준히 역사연구를 계속하였다. 그는 1914~15년에 만주 일대의 고대 유적들을 답사하고, 이어서 북경(베이징)과 산둥山東반도 일대를 답사하였다. 그는 연구논문들을 집필하여 1920년 전후에 『조선상고문화사朝鮮上古文化史』, 1924년에 『조선상고사朝鮮上古史』, 그리고 1910년대부터 1928년까지 쓴 논문들을 모은 『조선사연구초朝鮮史硏究艸』 등을 발표하였다. 이러한 저술들의 일부는 그가 투옥되어 있을 때 국내 신문들에 연재 발표되기도 했지만, 모든 저작은 신채호가 일제에 검거 투옥된 1928년 5월 이전에 저술된 것이었다.[64)] 신채호는 그의 저작에서 당시 일제총독부 권력으로 한국인들에게 강제 주입하고 있던 일제 식민주의사관의 한국역사 왜곡과 말살을 근본적으로 비판, 붕괴시켰다.

1920년대에는 박은식과 신채호의 민족사 연구를 포함하여 다수의 학자들에 의하여 민족사 연구가 발전되었다. 그중 몇 가지

63) 申一澈, 『申采浩의 歷史思想硏究』, 高大出版部, 1981 참조.
64) 愼鏞廈, 『申采浩의 社會思想硏究』, 한길사, 1984 참조.

저작을 들면 다음과 같다.

(1) 박은식, 『한국통사韓國痛史』, 1915.

(2) 박은식, 『한국독립운동지혈사韓國獨立運動之血史』, 1920.

(3) 신채호, 『조선상고문화사朝鮮上古文化史』, 1920년경.

(4) 최남선, 『조선역사통속강화개제朝鮮歷史通俗講話開題』, 1922.

(5) 황의돈, 『신편조선사新編朝鮮史』, 1923.

(6) 장도빈, 『조선사요령朝鮮史要領』, 1923.

(7) 안확, 『조선문명사朝鮮文明史』, 1923.

(8) 박해묵, 『반만년조선역사半萬年朝鮮歷史』, 1923.

(9) 신채호, 『조선상고사朝鮮上古史』, 1924(후에 발간).

(10) 남궁억, 『동사략東史畧』, 1924.

(11) 권덕규, 『조선유기朝鮮留記』 상권, 1924.

(12) 권덕규, 『조선유기』 하권, 1926.

(13) 신채호, 『조선사연구초朝鮮史硏究艸』, 1928(후에 발간).

(14) 장도빈, 『조선역사대전朝鮮歷史大全』, 1928.

(15) 현채玄采, 『조선역사朝鮮歷史』, 1928.

(16) 권덕규, 『조선유기략朝鮮留記略』, 1929.

(17) 남궁억, 『조선이야기』, 1929.

(18) 고유상高裕相, 『오천년조선역사五天年朝鮮歷史』, 1930.

1920년대의 한국민족사학의 발전은 한국역사를 자주적으로 새로이 정립하여 체계화하고, 일제의 초기 식민주의사관에 의거한 한국역사의 왜곡과 말살정책에 큰 타격을 주었다.

일제는 박은식의 『한국통사』의 독립정신 고취에 대응하여 식민주의사관에 의거한 『조선반도사』 발간을 목표로 1916년 '조선반도사 편찬위원회'를 총독부 안에 설치했다가, 1925년에는 이를 '조선사편수회'로 개칭하고 대대적으로 한국역사 왜곡·말살을 추진하였다.

10. 민족문학·예술·문화운동과 일제의 탄압

1) 1920년대의 민족문학운동 전개

3·1운동이 쟁취한 약간의 틈을 헤집고 1920년대에는 다수의 시인, 작가, 예술가, 문화인 들이 일제의 온갖 음험한 탄압과 싸워가면서 정력적으로 새로운 한국민족문학을 창조, 발전시켰다. 그들은 활동무대로서 먼저 '동인지'를 발간하면서 문학활동을 시작하였다. 그들의 동인지로는 『창조創造』(1919), 『폐허廢墟』(1920), 『백조白潮』(1922), 『폐허이후廢墟以後』(1924), 『조선문단朝鮮文壇』(1924), 『영대靈臺』(1924), 『생장生長』(1925) 등 문예잡지가 있었고, 이 밖에도 『개벽開闢』(1926), 『신생활新生活』(1922), 『신천지新天地』(1921), 『동광東光』(1926), 『조선지광朝鮮之光』(1922) 등 종합잡지가 창간되었다.

1920년대에 민족문학운동의 하나로 주목할 것은 위와 같은 잡지와 신문 문예란 등을 통해서 다수의 시인들이 등장하여 새로운 민족적 현대 서정시를 창작하고 발전시킨 점이다.

이 중에서도 김소월金素月(1902~1934), 한용운韓龍雲(1879~1944), 이상화李相和(1901~1943), 이육사李陸史(1904~1944), 심훈沈勳(1901~1936) 등은 대표적 '민족시인'으로서 주옥같은 걸작들을 창조하여 전 민족이 애송하게 되었다.

1920년대에는 이 밖에도 수많은 시인들이 나와서 민족시를 창작, 발전시켰다. 김억金億(1896~?), 황석우黃錫禹(1895~1960), 변영로卞榮魯(1897~1961), 오상순吳相淳(1894~1963), 홍사용洪思容(1900~1947), 정지용鄭芝溶(1902~1950), 박팔양朴八陽(1905~1988), 임화林和(1908~1953), 김오남金午男(1906~1996), 백석白石(1912~?), 김광섭金珖燮(1906~1977), 김기림金起林(1908~?), 이장희李章熙(1900~1929), 이상李箱(1910~1937), 김상용金尙鎔(1902~1951), 신석정辛夕汀(1907~1974), 박용철朴龍喆(1904~1938), 김형원金炯元(1901~?), 노천명盧天命(1911~1957), 김동명金東鳴(1900~1968), 김영랑金永郞(1903~1950), 주수원朱壽元(1910~?) 등이 빼어난 시들을 발표하였다.

또한 1920년대에는 다양한 사조의 현대소설 작품도 창작되었다. 이광수李光秀(1892~1950), 김동인金東仁(1900~1951), 염상섭廉尙燮(1897~1963), 현진건玄鎭健(1900~1943), 나도향羅稻香(1902~1926), 최서해崔曙海(1901~1932), 조명희趙明熙(1894~1938), 이기영李箕永(1895~1984), 홍명희洪命憙(1888~1968), 박종화朴鍾和(1901~1981), 주요섭朱耀燮(1902~1972), 최상덕崔尙德

(1901~1970) 등의 소설작품들은 한국인들이 사랑하여 애독한 작품들로서 당시에 높이 평가받았다.

2) 카프 조직과 프롤레타리아 문학

신경향파 문학서클인 '염군사焰群社'와 '파스큘라PASKYULA'는 1925년 8월 서울에서 통합하여 '조선 프롤레타리아 예술동맹'(카프)을 결성하였다. 이를 통칭 '카프KAPF'라고 부른 것은 당시 국제어로 생각되었던 에스페란토어로 이 단체가 'Korea Artista Proleta Federacio'였으므로 그 머리글자를 따서 'KAPF'로 약칭했기 때문이다.[65)]

카프가 1926년 12월 24일 서울에서 임시총회를 열었을 때의 기록을 통하여 카프의 조직·강령·규약을 보면 다음과 같다.

조선 프롤레타리아 예술동맹 조직·강령·규약

〈동맹원同盟員〉: 이기영李箕永, 김영팔金永八, 이량李亮, 조명희趙明熙, 홍기문洪起文, 김경태金京泰, 임정재任鼎宰, 양명梁明, 이호李浩, 김온金轀, 박용대朴容大, 권구현權九玄, 이적효李赤曉, 김기진金基鎭, 이상화李相和, 김복진金復鎭, 최학송崔鶴松(최서해), 최승일崔承一, 김여수金麗水, 박영희朴英熙, 김동환金東煥, 안

65) 권영민, 「카프의 조직과정과 그 배경」, 『한국민족문학론 연구』, 민음사, 1988, pp. 247~48 참조.

석주安碩柱

〈위원〉: 김복진, 김기진, 이량, 박영희, 최승일, 안석주

〈강령〉:「우리는 단결로써 여명기에 있는 무산계급 문화의 수립을 기함」.

〈규약〉

1. 본회의 명칭은 '조선 프롤레타리아 예술동맹'이라 칭함.
2. 본회의 위치는 경성에 둠.
3. 본회의 회원은 본 동맹의 강령 및 규약을 승인하는 자로 함(단, 위원 1인 이상의 추천에 대하여는 위원회에서 결정함).
4. 본 동맹은 본 동맹의 강령을 달성하기 위하여 좌기의 4부를 두고 사업을 실행함.

서무부·교양부·출판부·조사부(이하 생략)

이러한 1920년대의 한국 근대문학·예술의 발흥은 3·1운동의 동력을 배경으로 한국민족의 우수한 문학예술인들이 성취한 '근대문학' '문학 부문의 근대화'의 성취였다. 이것은 일제 식민지정책이 시혜를 베풀어준 '식민지근대화'가 아니었다. 도리어 일제의 억압과 탄압을 받아가면서 이에 대항하여 투쟁하면서 한국민족의 시인·작가·문학인 들이 성취하고 쟁취한 '한국민족의 문학예술 근대화'였다.[66]

66) 김영범, 『혁명과 의열』, pp. 553~85 참조.

3) 일제의 한국 문학·예술에 대한 탄압

일제는 한국문학의 근대화를 추진 또는 지원하기는커녕 도리어 한국민족의 우수한 문학예술인들의 '문학 근대화'를 탄압하고 저지하려고 하였다.

일제의 탄압은 개별 작가들을 경찰당국이 호출하여 가혹하게 심문하여 괴롭히는 것을 다반사로 하였다. 또한 일제는 검열관을 두어 한국 문학작품들을 낱낱이 검열하고 못마땅하면 검열 불통과의 표시로서 XXX와 ▨를 칠하였다. 신문 잡지에 실렸던 작가의 작품들에 남아 있는 XX 등의 표시가 그 증거의 일부이다. 작품 전체가 일제의 마음에 들지 않으면 게재 금지를 명하였다. 이상화의 걸작 시 「빼앗긴 들에도 봄은 오는가」는 『개벽』 잡지에 게재하려던 것을 통째로 게재 금지당하여 광복 후에야 독자들과 만나게 된 시이다.

일제는 게재 잡지의 편집이 마음에 들지 않으면, 수시로 '게재 금지' '압수' '삭제' 명령을 해왔으며, 정간과 폐간 처분도 자의로 자행하였다. 예컨대 『개벽』은 1920년 8월 5일 창간된 이래 거의 두 달에 한 번씩 압수 처분을 받아오다가, 1925년 8월에는 3개월간 정간 처분을 받았다. 다수의 시와 소설이 게재 금지를 당하였다. 『개벽』은 1926년 8월호에는 「이역풍상異域風箱에 궁극진췌하는 국사國士! 지사志士!」라는 제목으로 이동휘·서재필·유동열·이승만·김규식·노백린·이시영·안창호·이동녕·남만춘·박은식·신채호 등 12명의 독립운동가들의 기사를 특집으로 편집해 발행했다가 폐간당하였다.

일제의 언론독립투쟁에 대한 탄압은 신문·잡지의 압수, 정간, 폐간 등에 그치지 않고 언론인에 대한 징역·벌금 등 사법처분까지 자행하는 데 이르렀다. 다수 언론인들이 언론민족운동을 전개하다가 사법처분을 당하였다.[67] 예컨대 1922년 12월 『신생활』 사건의 경우 소련 10월혁명 5주년 기사를 실어 독립사상을 고취했다고 하여 김명식金明植(징역 2년), 김사민金思民(징역 2년), 신일용辛日容(징역 1년 6개월), 유진희兪鎭熙(징역 1년 6개월) 등이 실형을 언도받고 복역하였다. 또한 1922년 12월 『신천지』 사건의 경우 편집 겸 발행인 백대진白大鎭 등의 평론이 총독부 시정을 비판하면서 독립사상을 고취했다고 하여 유병기兪炳璣(징역 1년), 백대진白大鎭(징역 6개월), 송진우宋鎭禹(징역 6개월), 김동성金東成(징역 4개월·집행유예 3개월), 안재홍安在鴻(금고 8개월), 김철중金鐵中(금고 4개월), 이상협李相協(벌금 200엔) 등이 사법처분을 받았다.[68] 일제는 『신생활』의 논조가 항일적이고 불온하다 하여 1923년 1월 8일 이를 폐간시켜버렸다. 그 밖에 벌금형을 받거나 구속되었다가 석방된 시인·작가·예술가는 다 나열할 수 없을 정도로 많았다.

민족주의자들이나 사회주의자들이 결사·조직을 만들었을 때에는 온갖 구실을 만들어 엮어서 검거 투옥하였다. 신간회 해산

---

67) 「新生活事件의 判決言渡」, 『東亞日報』, 1923년 1월 17일자 참조.

68) 「新天地抗訴公判」, 『東亞日報』, 1923년 1월 23일자 참조.

직후 1931년 8월부터 일제가 집행한 '제1차 카프 사건'도 개별적으로 특정한 범죄 때문이 아니라, 그들이 민족해방과 계급해방을 주장하는 사회주의 문인들이었기 때문에 일제 식민지정책의 일환으로 카프의 주요 회원을 일거에 투옥한 것이었다.[69]

69) 권영민, 『한국계급문학운동사』, 문예출판사, 1998, pp. 215~30 참조. 일제는 이른바 카프 제1차 사건을 만들어서 모두 35명을 검거하려고 추적했는데, 중국에 있던 한위건·양명 등 18명은 체포하지 못하였고, 고경흠·김삼규·임화·황학로·김남천·한재덕·양연수·안막·권환·박영희·윤기정·송영·이기영·김기진·이평산·권태용·최일숙의 17명이 구속되었다. 또한 일제는 카프 제2차 사건을 만들어 모두 51명을 검거하고, 예심 종결 판결에서 박영희·이기영·윤기정·송영·한설야·권환·이갑기·백철·이상춘·박완식·나웅·김유영·정청산·이동규·김형갑·김욱·홍장복·전평·변효식·추완호·석일랑·이엽·최정희 등 23인의 문사는 공판에 회부하고 나머지 38명은 기소유예로 석방하도록 하였다. 카프 계통 한국인 문학예술가들에 대한 일제의 탄압은 매우 잔혹하였다.

제7장
1930년 이후 일제의 한국민족말살정책 강화와 '황국신민화' 정책

1. 만주 침략 및 중·일전쟁 시기, 일제의 한국민족말살·'황국신민화' 정책

일제가 1931년 만주 침략, 1937년 중·일전쟁, 1941년 태평양전쟁 등 침략전쟁을 자행하면서 한국인을 전쟁에 동원 투입하여 희생시키려는 정책이 추진되자, 일제는 '황국신민화皇國臣民化(약칭 황민화)' '내선일체內鮮一體' 등의 용어를 사용하면서 '동화정책' '민족말살정책'을 더욱 폭압적으로 강화하였다.

일제의 소위 '황국신민화' 정책은 한국인들이 특히 일본 '천황天皇'과 일본 '제국'의 노예적 '신민臣民'임을 정신적으로 더욱 철저하게 강조하여 주입시켜서, 일제의 침략전쟁에 한국인을 동원하여 일본을 지키는 대포밥, 총알받이로 사용하기 위한 정책이었다.

일제는 '한국민족말살' '황국신민화' 정책을 폭압적으로 자행하면서 이를 위해 한국민족의 민족 구성요소들을 먼저 강제 소멸시키는 정책을 강화하여 실시하려고 하였다. 민족이란 "언어·지역·혈연·문화·정치·사회경제생활·역사의 공동을 객관적 요소로 하여 공고히 결합되고 그 기초 위에서 민족의식의 주관적 요소를 형성 결합시켜 더욱 공고하게 결합된 역사적 범주의 인간공동체"[1)]이므로, 일제는 이러한 민족 구성요소들을 강제 소멸시킴으로써 한국민족을 말살하고 일제의 노예적 '황국신민'을 만들려고 한 것이었다.

일제는 이미 무력으로 한국민족의 지역(국토)을 침탈하고, 주권을 빼앗았으며 사회경제생활을 예속시켜 '수탈의 극대화'를 자행한 지 수십 년이 되었으므로, 이제 남은 민족 구성요소들인 한국민족언어(한국어), 민족문자(한글), 한국민족문화, 한국민족역사, 한국민족의식을 소멸시켜서 한국민족말살정책을 더욱 강화한 뒤에, 일본 '천황'의 노예적 신민의식을 강제 주입하여 식민지 노예를 만들어서 침략전쟁에 동원 투입하려고 획책한 것이었다.

일제는 중·일전쟁 도발을 준비하면서 한국인을 침략전쟁에 동원하기 위한 준비의 일환으로 일본군벌 가운데 모략전술로 악명 높은 육군대장 미나미 지로(총독 재임기간 1936. 8~1942. 5)

---

1) 愼鏞廈, 「民族形成의 理論」, 『한국사회학연구』 제7집, 1984; 신용하, 『한국민족의 형성과 민족사회학』, 지식산업사, 2001, pp. 315~63 참조.

를 1936년 8월 5일 제7대 조선총독으로 임명하였다. 미나미 지로는 조선군사령관, 일본 육군대신, 관동군사령관 등을 역임하면서 1931년 9·18 만주 침략, 10·18 일본 군사정변 시도, 1936년 2·26 일본 군사정변 등을 일으키는 데 음모와 공작에 앞장섰던 음험한 첩보 모략전술 전문가였다. 일제는 침략전쟁 개시에 맞추어 그를 조선총독으로 임명한 것이었다.

미나미 지로는 조선총독으로 부임하자 즉각 한국민족말살정책과 소위 '황국신민화' 정책을 무단 폭압적 방법으로 대폭 강화하였다. 그는 '황국신민화'는 조선인들의 '조선' '조선어' '조선민족'의 관념과 의식까지 완전히 버리고 '황국' 일본을 위하여 '순국'하겠다는 순국정신이 충만하도록 '내선일체'가 되어야 한다고 주장하면서 '내선일체'라는 용어를 애용하였다.[2)]

일제는 이러한 정책을 강행하기 위한 제도와 법령 등을 다수 공포해 제도화해서 실시했는데 그 가운데 주요한 몇 가지를 들면 다음과 같다.

(1) 「조선불온문서 임시취체령」 공포(1936. 8)

(2) 「조선사상범 보호관찰령」 공포(1936. 12)

(3) 「일본어 사용 강화에 대한 통첩」(1937. 3)

---

2) 宮田節子, 『朝鮮民衆と'皇民化'政策』, 未來社, 1985; 공제욱·정근식 엮음, 『식민지의 일상 지배와 균열』, 문화과학사, 2006; 박명규·김백영, 「식민 지배와 헤게모니 경쟁」, 『사회와역사』 제82집, 2009; 유선영, 「"동아東亞" 트라우마, 제국의 지정학적 공간과 "이등신민"의 정치학」, 『사회와역사』 제94집, 2012 참조.

(4)「조선임시조세증수령」 등 각종 세금증수령 공포(1937. 3)

(5) 총독부, '조선중앙정보위원회' 설치(1937. 7)

(6)「사립학교규칙」 개정(1937. 7)

(7)「전시체제령」 통첩(1937. 7)

(8)「군수공업동원령」 실시 결정(1937. 8)

(9)「공장시설관리령」 공포(1937. 9)

(10) 총독부,「황국신민의 서사」 제정 및 강제 시행(1937. 10)

(11)「군기軍機보호법」 공포(1937. 10)

(12)「방공법防空法 시행령」「조선방공위원회령」 공포(1937. 11)

(13) '일본어 강습소'의 전국 설치(1938. 1)

(14) 총독부, '시국대책준비위원회' 신설(1938. 2)

(15) '조선육군지원법령'의 공포(1938. 2)

(16)「조선교육령」 제3차 개정(1938. 3)

(17)「조선임시조세조치령」 공포(1938. 3)

(18)「국가동원법」 적용(1938. 5)

(19)「조선중요광물증산령」 공포(1938. 5)

(20) '근로보국대' '학교근로보국대 실시요강' 발표(1938. 6)

(21) '국민정신총동원國民精神總動員 조선연맹' 창설(1938. 7)

(22) 총독부, 전국교원·관공리에게 제복 착용 실시(1938. 7)

(23)「국경國境취체법」 공포(1939. 3)

(24)「국가총동원법에 의한 회사이익배당 및 자금융통령」 공포 (1939. 4)

(25)「군용자원軍用資源 보호법」 공포(1939. 6)

(26) 「경방단警防團 규칙」 공포(1939. 6)

(27) '조선학생정신연맹' 결성(1939. 7)

(28) 총독부, 전국 중등학교에 해군교련 실시 결정(1939. 7)

(29) '조선국방國防부인회' 설치(1939. 9)

(30) 「국민징용령」 적용 실시(1939. 10)

(31) 「조선백미白米취체규칙」 공포(1939. 10)

(32) 「가격통제령」 공포(1939. 10)

(33) 「임금임시조치령」 공포(1939. 10)

(34) 「조선인의 씨명氏名에 관한 건」(創氏改名) 공포(1939. 11)

(35) 「총동원 물자사용 발용령發用令」 공포(1939. 12)

(36) '창씨개명' 실시(1940. 2)

(37) 총독부 조선사편수회 『조선사朝鮮史』 전37권 완간(1940. 3)

(38) 「석유배급통제규칙」 공포(1940. 3)

(39) 「잡곡배급통제규칙」 공포(1940. 8)

(40) 『조선일보』 『동아일보』 폐간(1940. 8)

(41) 「조선국민조직신체제요강」 발표(1940. 10)

(42) '국민총력연맹國民總力聯盟' 조직(1940. 10)

(43) 「선원船員징용령」 공포(1940. 11)

(44) 「신문지 등 게재 제한령」 공포(1941. 1)

(45) 「조선사상범 예비구금령豫備拘禁令」 공포(1941. 3)

(46) 「국방보안법國防保安法」 공포(1941. 3)

(47) 학도정신대學徒挺身隊 조직(1941. 3)

(48) 「국민학교 규정」 공포(1941. 3)

(49)「전시해군海軍관리령」 공포(100톤 이상 선박 징발)(1941. 3)

(50) 농산물 공출제도供出制度 강제 시행(1941. 8)

(51) 학교총력대總力隊 결성(1941. 9)

(52)「물자통제령」 공포(1941. 12)

(53)「조선임시보안법保安法」 공포(1941. 12)

(54)「조선군사령朝鮮軍事令」 공포(1942. 1)

(55) 조선어학회 기관지 『한글』 폐간(1942. 5)

(56) 총독부, '징병제도 실시위원회' 설치(1942. 5)

일제총독 미나미 지로는 '황국신민화' 정책 및 한국민족말살정책 실시 강화를 위해 총독부 행정조직, 일제헌병대, 총독부경찰 이외에 전국적 규모의 '국민정신총동원 조선연맹'을 조직하였다.[3)]

이것은 총독부 행정조직과 유사하게 중앙에 연맹본부를 두고, 도에는 도연맹을, 부군도府郡島·읍면·정동리町洞里에는 각각 그 지방행정 수준의 지방연맹을 조직하였다. 뿐만 아니라 각 직장과 사회단체에 직장과 단체별 국민정신총동원연맹을 조직하도록 강요하였다.[4)] 그리고 최저변에는 매 10호마다 '애국반愛國班'이라는 것을 편성토록 하였다. 그러므로 총독부 행정조직과 강점무력

3) 南次郎, 「聯盟本來の使命議論より実行へ」, 『總動員』 제1권 제2호, 1939년 7월, pp. 47~60 참조.

4) 김영희, 「국민정신총동원운동의 실시와 조직」, 『한국독립운동사연구』 제18집, 2002 참조.

뿐만 아니라 국민정신총동원 조선연맹이 최저변까지 한국인을 조직하고 장악하도록 한 것이었다.[5)]

일제는 중앙연맹 총재에는 조선군사령관과 육군대신을 지낸 육군대장 가와시마 요시유키川島義之를 앉히고, 임원에는 육군 장군들과 장교들을 배치했으며, 조선인 친일파도 일부 구색으로 배치하였다. 형식은 민간단체이나 내용은 완전히 일제총독부의 군국주의 조직이었다.

국민정신총동원 조선연맹은 한국민족말살정책을 강행하고 한국인들을 '황국신민화'하여 일제의 침략전쟁에 희생물로 몰아넣기 위한 활동의 관제조직이었다. 일제총독 미나미 지로는 국민정신총동원 조선연맹의 '황국신민화' 실천운동에 대해 다음과 같이 명령하였다.

> 매일 아침 반드시 황거皇居를 향해 요배遙拜를 하고, 황국신민서사皇國臣民誓詞를 소리 내어 읽는다. 매월 1일에는 신사참배神社參拜를 한다. 제1, 제3 일요일에는 근로봉사勤勞奉仕를 한다. 오늘의 조선연맹은 애국반 31만 3천여 개, 그 반원 425만여 명이다. 이 사람들이 매일 우리들의 반과 똑같이 행동하고 있다. 국민정신총동원 조선연맹의 목표는 많아서 다 말할 수 없으나 궁극의 목표는 내선일체內鮮一體이다.[6)]

---

5) 「國民精神總動員朝鮮聯盟綱領·實踐要目·規約·組織大綱」, 『總動員』 創刊號, 1939년 6월, pp. 38~45 참조.

6) 綠旗日本化研究所, 『朝鮮思想概觀』, pp. 37~38; 朴慶植, 『日本帝國主義의 朝鮮支配』,

일제는 1940년 10월 26일 '국민정신총동원연맹'을 '국민총력연맹'으로 개칭하고 한국민족말살, '황국신민화' 운동을 더욱 독촉해 강화하였다.[7)]

일제총독 미나미 지로는 '한국민족말살' '황국신민화' 정책만 강화한 것이 아니었다. 그는 한국인에 대한 탄압과 사회경제적 수탈도 대폭 강화했으며, 고등경찰의 정보·감시와 탄압·고문·학대 정책도 대폭 강화하였다. 이 글에서 다루지 못한 '군수공업 총동원령' '공출제도' '지원병제도' '노무자징용제도' '징병제도' '여자정신대' 및 '일본군위안부' 징발 등 온갖 악랄한 제도도 일제가 미나미 지로를 통해 만들어 강행한 것이었다(이에 관해서는 별도의 글로 다루려고 한다).

2. 태평양전쟁 도발 시기, 일제의 한국민족말살·'황국신민화' 정책

일제는 1942년 5월 29일 제8대 조선총독으로 고이소 구니아키를 임명하였다. 고이소는 미나미 지로 총독 시기에 조선군사령관을 맡았었고 척무대신을 지낸 육군대장이므로 미나미 지로의 정

p. 377.

7) 崔由利, 『日帝末期 植民地 支配政策研究』, 국학자료원, 1997, pp. 17~122 참조.

책을 그대로 답습하면서 여기에 군사 목적을 더욱 가중시켜나갔다. 일제의 항복 이전인 1944년 7월 22일 고이소 구니아키가 일본수상으로 전임되자 아베 노부유키가 제9대 조선총독으로 부임하였다. 수탈정책과 한국민족말살정책은 갈수록 극렬화되었다. 고이소 구니아키와 아베 노부유키 시기의 일제의 한국민족말살·'황국신민화' 정책과 수탈정책의 몇 가지 중요한 법령·제도 등을 살펴보면 다음과 같다.

(57) '조선청년 해군군속 강제 채용' 결정(1942. 8)
(58) '조선연희전문학교' 접수(1942. 8)
(59) '청장년 국민등록' 실시(1942. 9)
(60) 「조선청년특별연성령朝鮮青年特別錬成令」 공포(17~21세 훈련 실시)(1942. 10)
(61) '조선어학회 사건' 조작(1942. 10)
(62) 일본내각회의, 「조선징병제도 실시요강」 결정(1942. 11)
(63) '보국정신대保國挺身隊' 조직(1943. 1)
(64) 「징병령徵兵令」 공포(1943. 3)
(65) 「조선교육령」 제4차 개정(1943. 3)
(66) 「전시학도체육훈련 실시요강」 시달(1943. 4)
(67) 「학도전시동원체제 확립요강」 시달(1943. 6)
(68) '진단학회震檀學會' 해산(1943. 9)
(69) 「교육에 관한 전시비상조치 방책」 공포(1943. 10)
(70) 전문학교 교명 개칭과 개편(1943. 10)

(71) '학병제學兵制' 실시(1943. 10)

(72) 「긴급국민근로동원 방책요강」 발표(1944. 1)

(73) '총동원법에 의한 전국징용全國徵用' 실시(광산·군수공장에 강제 동원)(1944. 2)

(74) 「조선여자청년연성소朝鮮女子青年錬成所 규정」 제정(1944. 2)

(75) 「조선전시형사특별령朝鮮戰時刑事特別令」 공포(1944. 2)

(76) 「조선총독부재판소 전시특례」 공포(1944. 2)

(77) 「조선에서의 국방보안법 및 치안유지법의 전시특례에 관한 건」의 공포(1944. 2)

(78) 「학도군사교육요강 및 학도동원비상조치요강」 발표(1944. 3)

(79) 「전국금융통제령」 공포(1944. 3)

(80) 「학도동원본부규정」 공포(1944. 4)

(81) '징병제' 강행 실시(1944. 4)

(82) 조선여자정신대, 일본 군수공장에 강제 투입(1944. 5)

(83) 미곡 강제 공출 할당제 실시(1944. 7)

(84) 「조선여자정신대 근무령」 공포(1944. 8)

(85) 「장년 전원에 대한 징용령」 공포(1944. 8)

(86) 「학도근로령」 공포(1944. 8)

(87) 「조선총독부 임전대책 기본요강」 및 「비상경비계획」 시달(1944. 8)

(88) 「학도근로령 시행규칙」 제정(1944. 10)

(89) 「군수회사징용규칙」 공포 시행(1944. 12)

(90) 친일단체 종교보국회宗教保國會 결성(1944. 12)

(91)「긴급학도근로동원 방책요강」 시달(1945. 1)

(92)「학도군사교육 강화요강」 시달(1945. 2)

(93)「결전비상조치요강에 근거한 학도동원실시요강」 시달(1945. 3)

(94)「결전교육조치요강決戰教育措置要綱」 시달(1945. 3)

(95)「국민근로동원령」 공포(1945. 3)

(96)「전시교육령戰時教育令」 공포(1945. 5)

(97) 친일단체 '조선언론보국회朝鮮言論報國會' 결성(1945. 6)

(98)「국민의용병역법國民義勇兵役法」 공포(1945. 6)

(99) 친일단체 '대의당大義黨' 결성(1945. 6)

(100) 조선 기독교 신교단체들 일본 기독교 선교단에 강제 통합 (1945. 7)

(101) 총독부 항복 대비 '조선은행권' 남발(1945. 8; 9월 5일까지 73억 5500만 엔 남발)

1936~45년에 일제가 벌인 '한국민족말살' '황국신민화' 정책은 한국민족을 말살하여 차별받는 노예적 준일본인을 만들고 여기에 교육과 선전을 통해 일본과 '일본천황'에 충성하는 '황국신민'을 만들어서 일제의 침략전쟁에 투입하여 일본인 대신 총알받이, 대포밥과 군사노예로 희생시키려고 한 정책이었다.

다음에서는 1936~45년의 '황국신민화' '한국민족말살' 정책의 몇 가지 주요 정책을 뽑아서 고찰하기로 한다.

제8장
한국어·한글 말살정책과 일본어 상용 강제

1. 1930년대 후반기 일제의 한국어 말살정책 강화

일제는 3·1운동의 영향으로 식민지 무단통치가 파탄되고, 한국의 민족문화운동이 치솟은 1920년대에는 한국어·한글 말살정책을 감히 강화 추진하지 못하고 후퇴하였다. 일본어 보급도 1920년대에는 특히 더 강력하게 강행할 수 없었다.

그러나 1931년 일제의 만주 침략 이후에 일제는 한국어·한글에 맞서 일본어 보급 강행을 다시 강화 추구했으며, 특히 1937년 중·일전쟁 전후부터는 한국어·한글 완전 말살과 일본어 상용 강제를 권력에 의해 폭압적으로 강력히 추진하였다.[1)]

---

1) 이준식, 「일제 침략기 한글운동 연구」; 허재영, 「일제강점기 일본어 보급정책 연구」, 『한말연구』 제14집, 2004 참조.

〈그림 16〉 훌륭한 일본군인을 내기 위해 일본어 생활을 실행하자는 조선총독부 선전표어

제7대 일제총독 미나미 지로는 1936년 부임한 후, 한국인을 일제의 '황국신민'으로 만들기 위해서는 황국신민교육이 중요하다고 강조하고 1938년 3월 3일 '조선교육령'을 개정하였다. 이 '제3차 조선교육령'은 한국의 각급 학생들을 일제의 '충량한 황국신민'으로 만들기 위해 특히 초·중등교육을 다음과 같은 특징을 가진 것으로 개정하였다.[2]

(1) 한국어의 과목을 보통·고등보통학교에서 수의과목隨意科目으로 전락시킴과 동시에 수업시간을 대폭 감축시켰다. '수의과

2) 鄭在哲, 『日帝의 對韓國植民地敎育政策史』, pp. 422~23 참조.

목'이란 교장이 자의로 교수를 선택·지정할 수 있는 과목으로서, 당시 일제의 정책이 한국어 교수 폐지였기 때문에 이 방침에 따라 대부분의 교장이 한국어를 선택하지 않았다. 따라서 한국어 교수는 제3차 조선교육령 때부터 사실상 폐지된 것이나 다름이 없었다.[3)]

(2) '한국역사'와 '한국지리' 수업은 제2차 조선교육령 시행 시기와 마찬가지로 초·중등교육에서 배제하였다.

(3) 일본역사 및 일본지리 수업은 '국사(일본사)'와 '지리' 과목 이름 아래 보통학교의 고학년에서 가르치고, 고등보통학교에서는 '역사·지리'라는 과목 이름 아래 일본역사와 일본지리를 가르치도록 하였다.

(4) '수신修身' 과목은 제2차 조선교육령 시행 시기와 마찬가지로 일본문화와 일본도덕을 중심으로 가르치도록 하였다.

(5) '공민과公民科'라는 교과목을 고등보통학교 교육과정에 신설하여 고등보통학교·고등여학교·사범학교 고학년에서 일본문화와 일본도덕을 집중 교육하여 황국신민교육을 강화하도록 하였다.

제3차 조선교육령에 의한 과목별 주당 시간표는 〈표 8〉과 같았다.

---

3) 김성준, 「일제강점하 朝鮮語抹殺政策연구: 朝鮮教育令을 중심으로」, 『國史館論叢』 제105집, 2004 참조.

〈표 8〉 보통·고등보통학교의 과목별 주당 시간 배정표(1938~43년)

각급 학교	교과목 / 학년	수신	일본어	조선어(수의)	산술(수학)	일본사	지리	이과	외국어	직업(산업)	공민	가사재봉
보통학교	1	2	10	4	5							
	2	2	12	3	5							
	3	2	12	3	6							
	4	2	12	2	6			2		2(1)		(3)
	5	2	9	2	4	2	2	2		3(1)		(4)
	6	2	9	2	4	2	2	2		3(1)		(4)
고등 보통학교	1	2	6	2	4	2	2	2		6(2)		(6)
	2	2	6	2	4	2	2	2		6(2)		(6)
중학교	1	2	7	2	3	3		3	5	2		
	2	2	7	2	3	3		3	5	2		
	3	2	6	1	5	3		3	6	2		
	4	1	5	1	5	3		4	5	2	2	
	5	1	5	1	4	3		4	5	3	2	
고등여학교	1	2	6	2	2	3		2	3	1		5
	2	2	6	2	2	3		2	3	1		5
	3	2	6	1	3	3		3	3	1		6
	4	1	5	1	2	3		3	2	1	1	7
	5	1	5	1	2	3		3	2	1	1	8

* ( ) 안의 수치는 여자(조선어는 선택과목).
자료: 朝鮮總督府學務局, 「朝鮮に於ける教育革新の全貌」(1938); 박경식, 『일본 제국주의의 조선지배』, p. 396.

〈표 8〉에서도 알 수 있는 바와 같이, 보통·고등보통학교 수업에서 가장 중심이 되는 과목은 '일본어'였다. 당시 보통·고등보통학교 교장이 거의 모두 일본인이었으므로, 수의과목인 '조선어'는 형식상 교육령에 남아 있었을 뿐 실제로는 교육되지 않았다. 형식상 '조선어' 과목이 남아 있었던 것은 조선어 과목의 전면 폐지가 가져올 반발을 줄이기 위한 기만책으로서 형식상 이름만 남겨둔 것에 불과하였다.

일제는 1941년 '국민학교 규정'(1941. 3. 31)을 공포하여 형식상 이름만 남아 있던 '조선어'를 국민학교 교과목에서 이름마저 완전히 폐지시켰다. 이어서 1943년 3월 '제4차 조선교육령'을 공포하면서 중등학교와 사범학교에서도 형식상 명칭이 남아 있던 '조선어' 과목을 이름마저 완전히 폐지시켰다. 일제는 '한국어' 말살정책을 교육제도상 완결시킨 것이었다.

2. 일본어 상용 강제

일제는 그 대신 초·중등교육의 중심을 '일본어' 집중교육 강화에 두었다. 특히 보통학교 저학년 교육은 거의 '일본어' 교육이었다. 일제는 '황국신민화' 정책의 첫째 과제는 철저한 일본어 교육이라고 강조하였다. 일제는 일본어 교육 안에 일본역사·일본문화·일본도덕 내용을 넣어 어린 한국학생들을 '황국신민'으로 만들고 일본숭배사상을 주입시키려고 획책하였다.

〈그림 17〉 일제 말기 일본어 강제 교육의 한 단면

예컨대 1939년 총독부가 발행한 『소학국어(일본어)독본』 11권을 보면 총 28개 단원 가운데 71.4퍼센트인 20개 단원이 직접 일본역사, 일본도덕, 일본문화, 일본 군국주의와 무사도武士道를 교육 선전하는 내용이었다.[4]

일제총독 미나미 지로의 교육보좌관으로서 제3차 조선교육령을 입안한 학무국장은 황국신민화·내선일체는 "조선인으로서 몸에 지니고 있는 조선의 전통·풍습·문화 등의 특색을 불식하고 태어나면서부터 일본인과 같이 일본의 전통·풍습·문화 등을 완전히 몸에 지닌 국민으로 동화하는 것이다"[5]라고 설명했는데, 이를 아예 보통학교 '일본어' 교과 안에 주입해 넣은 것이었다.

4) 鄭在哲, 『日帝의 對韓國植民地敎育政策史』, pp. 425~26 참조.

5) 八木信雄, 『日本과 韓國』, 日本文化協會, 1981, p. 243.

〈그림 18〉 놋그릇 '공출' 약탈에서도 일본어 상용 강요

학교에서의 일본어 전용과 상용의 철저화는 전국 각급 학교에서 매우 억압적, 폭력적 방법으로 강제되었다. 예컨대 보통학교에서는 매주 초에 '국어표'(일본어표)라는 딱지를 학생들에게 나누어 주고 서로 감시하게 하다가 무의식중에 한국어를 한마디라도 사용하면 딱지를 한 장씩 뺏게 하여 주말이 되면 표를 많이 빼앗긴 학생에게 체벌을 가하였다. 이 밖에도 학생이 한국어를 사용하는 빈도에 따라 구타·벌금·정학·퇴학 또는 낙제 등 온갖 수모를 다 주었다.[6]

6) 李明花, 「朝鮮總督府의 言語同化政策: 皇民化시기 日本語常用運動을 중심으로」, 『한국독립운동사연구』 제9집, 1995 참조.

일제는 특히 '제4차 조선교육령' 시기에는 국민학교 1학년 교사는 반드시 '일본인'으로 배정하도록 해서 처음부터 일본어만을 상용하는 국민학생들을 만들도록 하였다.

일제의 일본어 상용 강제 정책은 학교 밖의 일반사회에서도 강행되었다. 일제총독 미나미 지로와 조선군사령관 고이소 구니아키(뒤에 제8대 총독으로 취임)는 일제가 중·일전쟁을 도발하자 침략전쟁에 한국청년을 지원병·징병 등으로 참전시킬 준비로서 징병대상자인 한국청년들에게 사전에 일본어 교육 보급을 강행하려 하였다. 당시 학교교육에서 배제된 한국청년들은 일본어를 알지 못하고 있었기 때문이다.

일제는 중·일전쟁 도발 1주년을 기하여 1938년 '국민정신총동원령'을 내리고, 국민정신총동원 조선연맹이라는 친일단체를 조직하여 일본어 강습 등 전쟁동원체제를 위한 운동을 전개하도록 하였다. 이를 받아 총독부는 1939년 7월 31일자로 전국 각도에 발한 통첩에서, 공장·상점 등 직장 단위로 직장시설을 이용하여 각기 일본어 강습소를 설치하고, 학습 진도를 검사하여 성적에 따라 근무평가에 반영하며 우수자에게는 상을 주라고 지시하였다.[7)]

일제는 1938년부터 전국에 일본어 강습소를 설치하여 매년 10만 명씩, 4년간 40만 명의 일본어 보급 수료 계획을 수립하였다. 교재와 재정은 물론 총독부가 조달하였다. 일본어 강습소는 소학

7) 「國語修得奬勵の通牒」, 『朝鮮』 제92호, 1939년 9월, p. 102.

교와 간이학교 부설로 설치되었을 뿐 아니라 각종 단체, 공장, 상점 등 직장 단위로도 전국 각지에 설치되었다.

일제의 자료에 의하면 1938년의 경우 강습회가 3,660개소에서 열려 21만 373명이 수강하였다.[8] 그리하여 1945년 패망되어 나갈 때까지 일본어 강습이 강제되었다.

특히 일제는 1941년 12월 태평양전쟁을 도발한 뒤에는 한국청년의 일본군 징병을 전제로 1942년 10월 '조선청년특별연성령'을 공포하여, 전국 각 부읍면에 훈련 단계에 따라 특별연성소, 군무예비훈련소, 청년훈련소, 청년훈련소별과, 청년별과합동훈련소 등 각종 훈련연성소를 설치하였다. 연성기간은 약 1년으로 총 교육시간 600시간 가운데 400시간이 학과, 200시간이 교련수업이었는데, 학과시간의 중점은 일본문화와 함께 국민학교 3, 4학년 정도의 일본어 습득을 목표로 하였다.[9] 일제는 재일본 유학생들에게까지 조선어 사용을 금지하고 일본어 상용을 강제하였다.[10]

일제는 여성에게도 이를 강요하여 1944년 2월 10일 '조선여자청년연성소 규정'을 공포하여, 여자청년들에게도 같은 방식의 황국신민화 교육과 일본어 강습을 강제하였다.

일본은 1944년 8월부터는 전국에 대해 '일본어 상용전해常用全

---

8) 大藏省管理局 編, 『日本人の海外活動に關する歷史的調査』 朝鮮篇, 제3권, p. 45 참조.

9) 같은 책, pp. 46~47 참조.

10) 明石博隆 · 松浦總三, 「朝鮮語問題に對する在京朝鮮人學生の策動」, 『昭和特高彈壓史』 제6권, 太平出版社, 1975, pp. 248~51 참조.

〈표 9〉 일본어를 해독하는 조선인의 수

연도	인원	총인구에 대한 비율
1923	712,267	4.08
1928	1,290,241	6.91
1938	2,717,807	12.38
1939	3,069,032	13.89
1940	3,573,338	15.57
1941	3,972,094	16.61
1942	5,089,214	19.94
1943	5,722,448	22.15

* 약간 해독하는 자, 보통회화에 지장 없는 자 포함.
자료: 近藤釼一 編, 『朝鮮の治政: 太平洋戰下終末期』 제2권, 朝鮮史料編纂會, 1961, pp. 199~200.

解운동'을 강제하였다. 관공서는 물론, 상점·극장·운동장 등에서도 오직 일본어만 사용하고 방송하도록 하였다. 우체국에서는 일본어를 사용하지 않은 우편물은 접수를 거절하였다. 철도·운수·교통·통신에서도 일본어를 사용하지 않으면 매표와 통화를 금지시켰다. 각 가정에서도 한국어를 사용하지 말고 일본어를 상용하도록 강요하였다. 한국어 말살과 일본어 상용을 전 사회생활에 강제한 것이었다.

일제 측 자료에 의하면 1932년 당시 한국 인구 2,020만 5,591명 가운데서 일본어를 할 수 있는 한국인은 약 157만 8,131명에 불과하였다. 즉 한국인 총인구의 7.8퍼센트만이 일본어를 할 수 있었다.[11]

일제가 식민지정책으로 일본어 강제 강습을 전국적으로 시행한 후인 1943년에도 일본어를 사용할 수 있는 한국인은, 〈표 9〉에서 볼 수 있는 바와 같이, 약간 상승했으나 여전히 낮은 비율로서 22.15퍼센트에 불과하였다. 1944년의 통계는 구할 수 없지만, 한국인의 약 78퍼센트는 한국어만 알고 일본어를 모르는 상태였으므로, 일제의 한국어 말살정책과 일본어 상용 강제 정책으로 말미암아 한국인들은 한국 땅에 태어나 살면서도 자기의 말을 하지 못하고 공식적으로 벙어리가 되는 고통 속에 살도록 강제 탄압당한 것이었다.

일제의 한국어 말살정책은 민족 구성의 본질적 요소인 민족언어를 완전히 강제로 말살하여 한국민족을 소멸·말살시키고 일본의 영구적 노예를 만들려고 획책한 잔인무도한 식민지정책이었다.

11) 朝鮮總督府學務局, 『朝鮮社會教育要覽』, 1941, p. 62.

제9장
한국어와 한글 말살을 위한 탄압정책

1. 『조선일보』 『동아일보』 『조선중앙일보』의 정간과 폐간

일제는 『조선일보』 『동아일보』 『조선중앙일보』의 3대 일간지를 엄격히 통제하면서도 기회만 있으면 이를 폐간시키려고 획책하였다.[1] 1936년 『조선중앙일보』와 『동아일보』가 손기정 선수의 마라톤 우승 시상식 사진에서 '일장기'를 지워 보도한 '일장기 말소 사건'이 일어나자, 일제는 『조선중앙일보』와 『동아일보』를 무기정간시켰다.[2] 『조선중앙일보』는 1937년 6월 2일 조건부로 복간이 허가되었으나 재정 사정으로 복간하지 못하고, 『동아일보』만 1937년 6월 2일 복간되었다. 그리하여 한국에는 중앙지로

1) 崔由利, 『日帝末期 植民地 支配政策硏究』, pp. 34~55 참조.
2) 한국체육기자연맹 엮음, 『일장기 말소의거 기자 李吉用』, 인물연구소, 1993, pp. 57~97 참조.

서는 『조선일보』와 『동아일보』의 2개 한국어 일간지와 총독부 기관지로서 일본어 신문 『경성일보』 및 한국어 신문 『매일신보』만 남게 되었다.

1937년 7월 일제의 중·일전쟁 도발 후 엄중한 탄압과 통제 아래서 『조선일보』와 『동아일보』는 총독부정책에 비교적 순응하여 생존유지를 모색하고 있었다. 따라서 『조선일보』 『동아일보』는 상당히 변질되어 총독부 기관지 『매일신보』의 기사 내용과 작은 차이밖에 없었다. 그럼에도 불구하고 일제는 한국인이 한국어 신문을 운영하고 있는 것 자체가 일제의 한국민족말살정책('내선일체')에 저해된다고 보았다. 그 이유는 ① 한국어 전용 신문이고, ② 한국의 '민족지'로서의 '상징성'을 갖고 있으며, ③ 총독부 감시 때문에 당장은 비자발적으로 협조하고 있다 할지라도 조선인이 조선어문의 신문을 발행한다는 사실 그 자체가 민족의식을 유지시키는 것이고, ④ 언제 조선인의 '민족의식'을 일깨우는 저항을 시도할지 모르기 때문이었다. 이에 일제는 사상통제와 함께 한국민족말살·황국신민화 정책을 위해 『조선일보』 『동아일보』 폐간이 필요하다고 보았다.[3)]

일제는 이러한 이유로 처음에는 두 신문사를 '매일신보'가 매수하여 '통합' 형식으로 폐간시키려고 하였다. 그러나 이것은 두 신문사가 응해주어야 가능한 정책이었다.

3) 「諺文新聞統制ノ必要性」, 〈東亞日報廢刊ニ對スル關屋氏ノ質疑要領〉, 『大野文書』 1248, 1939; 「極秘諺文新聞統制案」, 『大野文書』, 1248; 崔由利, 『日帝末期 植民地 支配政策硏究』, p. 41.

일제는 1940년 1월 동아일보와 조선일보 두 신문사에게 매일신문사와 통합하여 자진 폐간할 것을 권고하였다.[4] 그러나 두 신문사는 이를 거절하였다. 특히 동아일보는 사람을 도쿄에 파견하여 일본정부 요인에게 총독부 폐간 방침의 부당성을 지적하고 구명운동을 시도했다가, "조선통치에 반역의 필진을 펴면서 독립을 책모하여 총독의 국책에 저항하는 국적國賊 동아일보에 단호히 강경수단을 채택하여 동아일보를 폐간하라"는 일본 『동아일일신문東亞日日新聞』의 강경한 공격을 받았다.[5]

일제총독부는 동아일보에 대해 '경리부정' 사건을 조작하고 과거 독립운동 자금 전달을 문제 삼아 간부들의 대량 구속으로 탄압하려고 협박하였다. 폐간 사태를 피할 수 없음을 안 동아일보와 조선일보 두 신문사는 1940년 8월 11일자의 신문을 내고 '자진 정간'의 형식으로 강제 폐간당하였다.[6]

2. 일제의 한국어·한국문자 사용 잡지들의 폐간

일제는 여기에 만족하지 않고 이어서 1941년에는 한국어·한국

4) 東亞日報社 編, 『東亞日報社史』 제1권, 東亞日報社, 1975, p. 383; 『朝鮮日報社史』 제1권, 朝鮮日報社, 1990, p. 371 참조.

5) 「諺文新聞 '東亞日報'に對する內地新聞の主張」, 『思想彙報』 제22호, 1940년 3월, pp. 165~66 참조.

6) 崔由利, 「日帝末期 言論政策의 성격: 東亞·朝鮮日報의 廢刊을 중심으로」, 『梨花史學硏究』 제21집, 1993 참조.

문자(한글) 사용 잡지들인 『문장』 『인문평론』 등과 기타 21종의 모든 한국어·한국문자 사용 잡지들을 폐간시켜버렸다.

1941년 이후에는 한국에서 한국어, 한국문자(한글)를 사용하는 신문과 잡지는 하나도 없게 되고, 한국어도 공식적으로 사용할 수 없게 되어 한국인들은 입이 있어도 말할 수 없고 눈이 있어도 자기의 신문과 자기의 글을 읽을 수 없는 총체적 벙어리·소경의 처지에 강제로 떨어지고 말았다.

3. 조선어학회 탄압과 한글학자 투옥

일제는 한국어 말살과 한국어문의 신문·잡지 폐간에 만족하지 않고 한국어문 연구단체인 조선어학회를 해체하고 한글학자들을 체포·투옥하여 한국언어와 한국문자의 연구 뿌리까지 뽑아버리려고 하였다. 이를 위해 조작한 사건이 '조선어학회' 사건이었다.[7)]

일제는 '조선어학회'를 중앙에서 탄압 해체하면 한국인의 반발과 저항이 클 것을 염려하여 우연히 함경남도 지방에서 발각된 독립운동 사건으로 보이게 하려고 획책하였다. 이것은 일제의 중앙총독부 경시국이 조선어학회 기관잡지인 『한글』을 지방의 홍

---

7) 한글학회50돌기념사업회 엮음, 『한글학회 50년사』, 한글학회, 1971, pp. 12~19; 박용규, 『조선어학회 항일투쟁사』, 한글학회, 2012 참조.

〈그림 19〉 현충사(이순신 장군 사당)을 방문한 조선어학회 회원들(1935)

원경찰서의 내사보다 2개월 앞서 1942년 3월에 폐간시킨 사실에서도 알 수 있다.

함경남도 홍원읍에서 1942년 5월 한 일본인 형사가 불심검문에 불손한 태도를 보이는 백白모 청년의 가택을 수색하다 서적들 가운데 청년의 조카 백영옥白永玉의 일기장을 발견하여 조선인 형사 야스다安田正黙에게 조사하게 하였다. 그 일기장 중에는 2년 전 일기에 "국어(일본어)를 상용하는 학생을 처벌했다"는 문구가 있었는데, 이것이 문제가 되었다. 다수 여학생들을 일주일 동안이나 구류하여 고문하면서 조사한 결과 이 문구는 백 양이 반일 감정에서 써넣은 것이고 실제로 일본어를 상용한 학생을 처벌한 교사는 없었다. 그러나 일제 형사는 학생들에게 민족의식을 은근히 불어넣은 교사로 공민 및 체육 담당 교사 김학준金學俊과 조선어 및 영어 담당 교사 정태진丁泰鎭을 주목하였다.

정태진은 연희전문학교를 졸업하고 미국 컬럼비아대학교에서 교육학을 전공한 후 귀국하여 영생여자중학교에서 조선어와 영어를 교육하였다. 이 과목이 폐지되자 그는 수학 및 수신을 담당하다가 2년 전 서울 조선어학회에서 『조선말큰사전』 편찬사업을 하고 있었다.

일제는 김학준은 문제 삼지 않고 조선어학회를 탄압하기 위해 정태진을 1942년 9월 5일 체포하여 잔혹한 고문을 가한 결과 조선어학회가 '민족주의자 집단'임에 동의하는 정태진의 '자백'을 받아냈다고 하였다.

일제는 작전을 시작하여 1942년 10월 1일 홍원경찰서 형사대를 시켜 우선 『조선말큰사전』 편찬작업을 하고 있던 이극로李克魯, 정인승鄭寅承, 이윤재李允宰, 최현배崔鉉培, 이희승李熙昇, 장지영張志暎, 김윤경金允經, 권승욱權承昱, 한징韓澄, 이중화李重華, 이석린李錫麟 등 11명을 체포하였다. 이어서 일제는 1942년 10월 21일 다시 이만규李萬珪, 이강래李康來, 김선기金善琪, 이병기李秉岐, 정열모鄭烈模, 김법린金法麟, 이우식李祐植 등 7명을 체포하였다. 일제는 이어서 제3차로 12월 23일 윤병호尹炳浩, 서승효徐承孝, 김양수金良洙, 장현식張鉉植, 이인李仁, 이은상李殷相, 정인섭鄭寅燮, 안재홍安在鴻 등 8명을 체포하였다. 일제는 다시 1943년 3월 5~6일에는 김도연金度演, 서민호徐珉豪 등 2명을 체포했으며, 3월 31일과 4월 1일에는 신윤국申允局과 김종철金鍾哲 2명을 체포하였다. 권덕규權悳奎와 안

호상安浩相은 체포자 명단에는 들어 있었으나 병으로 불구속 심문하도록 하였다.[8)]

일제는 체포한 조선어학회 회원들에게 잔혹무비한 고문을 가하였다. 조선어학회가 '민족주의자 집단'이었음은 이미 모든 한국인이 상식처럼 알고 있던 사실이었으므로, 일제는 이들이 더 직접적으로 독립운동에 관여한 것으로 꾸미려고 획책하였다. 일제는 학자들을 목총으로 구타하고, 두 팔을 등 뒤로 묶어서 천장에 매달고 돌리는 '비행기 고문'을 가하기도 했으며, 불에 달군 쇠꼬챙이와 끓는 물로 고문을 가하기도 하였다. 일제는 이윤재 등이 임시정부 요인 김두봉金枓奉을 만나 자금을 제공했다는 둥, 김두봉을 통하여 사전 편찬사업을 위장하고 조선독립을 추진했으며, 이극로를 대통령, 정인승을 내무장관으로 한 국내 임시정부를 수립하려 했다는 둥을 자백하라고 강요하였다.[9)]

일제는 조선어학회를 불온단체로 불법화하고, 또한 10년간의 각고 끝에 만든 『조선말큰사전』의 원고 3만 2천 장(400자 원고지)과 20만 장에 달하는 어휘카드를 모두 압수하여 한국어사전 편찬을 원천적으로 불가능하게 봉쇄 탄압하였다.

일제는 체포한 조선어학회 회원들 가운데서 이극로, 이윤재, 최현배, 이희승, 정인승, 정태진, 김양수, 김도연, 이우식, 이중화, 김법린, 이인, 한징, 정열모, 장지영, 장현식 등 16명을 기소

8) 李熙昇, 「朝鮮語學會事件回想錄」, 『思想界』, 1959년 10월호.

9) 崔鉉培, 「옥살이의 回想」; 金允經, 「옥중생활 소감」; 李熙昇, 「七佛堂」, 『한글』 제114호, 1950년 10월, pp. 37~48, 「함흥감옥살이」 참조.

〈그림 20〉 조선어학회 사건으로 옥고를 겪은 조선어학회 회원들(1946. 6)

하였다. 기소 후에도 재판을 하지 않고 극악한 감방 여건 속에 투옥하여 고문과 심문을 거듭하던 중에 고문후유증으로 이윤재(1943. 12)와 한징(1944. 2)이 옥사하였다.[10]

일제는 1945년 1월 16일 함흥지방법원에서 다음과 같이 판결을 언도하였다.[11]

이극로 …… 징역 6년

최현배 …… 징역 4년

이희승 …… 징역 3년 6개월

10) 『한글』 제11권 제1호, 1946년 4월, p. 65 참조.

11) 金允經, 「조선어학회 수난기」, 『한글』 제11권 제1호, 1946년 4월, pp. 54~64 참조.

정인승 …… 징역 2년

정태진 …… 징역 2년

김양수 …… 징역 2년 집행유예 4년

김도연 …… 징역 2년 집행유예 4년

이중화 …… 징역 2년 집행유예 4년

김법린 …… 징역 2년 집행유예 4년

이　인 …… 징역 2년 집행유예 4년

이우식 …… 징역 2년 집행유예 3년

장현식 …… 무죄

일제가 조선어학회 회원들에게 적용한 죄목은 '치안유지법 위반'이었다. 일제는 판결문에서 다음과 같이 썼다.

> 본건 조선어학회는 〔……〕 쇼와 6년(1931년) 이래로 피고인 이극로를 중심으로 하여 문화운동 가운데 그 기초적 운동인 어문운동을 취하여 그 이념으로써 지도이념을 삼아 표면으로 문화운동의 가면 아래 조선독립을 위한 실력양성단체로서, 본건이 검거되기까지 10여 년의 장기에 걸쳐 조선민족에 대해 조선어문운동을 전개하여온 것으로서, 시종일관 진지하고 변함없는 그 운동은 조선어문에 쏠리는 조선 인심의 동향에 잘 맞아서 그 마음속에 깊이 파고들어, 조선어문에 대한 새로운 관심을 일으켜서 다년간에 걸쳐 편협한 민족관념을 배양했으며, 민족문화의 향상, 민족의식의 앙양 등 그 기도한 바 조선독립을 위한 실력 신장의 수단을 다하지

않은 바가 없었다. 〔……〕

일제에 의해 체형을 언도받은 5명 가운데서 정태진을 제외한 이극로·최현배·이희승·정인승 4명은 이 판결에 불복하여 항소했으나, 일제는 1945년 8월 13일 이를 기각하였다.[12] 이틀 후에 8·15해방이 됨으로써 이들은 약 3년의 옥고를 치르고 자유의 몸이 되었다.

일제의 '조선어학회 사건' 조작과 한글학자들에 대한 고문 탄압 투옥은 일제의 극악한 한국민족말살정책과 그 일부로서의 한국어문 말살정책을 집행한 것이었다.

12) 森川展昭, 「朝鮮語學會の語文運動」, むくげの會 編, 『朝鮮一九三〇年代研究』, 三一書房, 1982, pp. 109~45; 森ッ井崇, 「朝鮮語學會の朝鮮語規範化運動と朝鮮語學會事件」, 『東アジア研究』 제35집, 2002 참조.

제10장
한국역사의 왜곡·말살

1. 일제의 식민주의사관 정립 기관과 왜곡도서 간행

일제는 한국민족말살의 근본 작업으로 1930년대 이후에는 한국역사의 왜곡과 말살을 가일층 강화하였다.

일제는 박은식의 『한국통사』 등 한국인의 민족주의사관에 의해 독립국을 생각하게 하는 역사서들에 대한 대책으로서, 1916년 총독부 안에 조선반도사편찬위원회를 설치하고 일제의 식민주의사관에 의거한 『조선반도사』 등을 편찬할 계획이었다. 일제는 3·1운동 후의 한국민족운동의 비약적 고양에 대비하여 1922년 『조선반도사』를 『조선사』로 제호를 바꾸어 37책의 방대한 식민주의사관의 역사서를 편찬하기로 계획을 대폭 확대 개편하였다. '조선반도사편찬위원회'도 '조선사편찬위원회'로 개칭했으며, 조선사편찬위원회 위원들을 간부로 한 외곽단체로서 '조선사학회'라는 어용학술단체를 조직하였다. 일제는 사업 도중에 1925년 조선사편찬위원회의 이름을 다시 '조선사편수회'로 개칭하였다.

일제의 조선사편찬위원회는 정무총감을 위원장으로 하고, 고문에 이완용李完用·박영효朴泳孝·권중현權重顯, 일본인 지도고문격에 구로이타 가쓰미黑板勝美·나이토 도라지로內藤虎次郞, 위원에 이마니시 류今西龍·이나바 이와기치稻葉岩吉·정만조鄭萬朝·이능화李能和·어윤적魚允迪·홍희洪憙 등을 임명하였다. 그러나 조선인 편사위원·편사관의 의견은 거의 채택되지 않고 구색으로 임명한 데 불과했으며, 모든 기획과 결정이 일제 어용학자들의 독재와 독단에 의해 자행되었다.

일제의 조선사편수회는 1932년부터 『조선사朝鮮史』(37책)를 간행하기 시작했고, 『조선사 길잡이朝鮮史のしるべ』(1936), 『조선사자료집진朝鮮史料集眞』(3책), 『조선사료총간朝鮮史料叢刊』(21종)을 간행하였다. 이 중에서 『조선사』는 37책(1938년 완간)의 방대한 규모로 일제 조선총독부가 가장 역점을 둔 것이었고, 일제의 한국병탄을 '은혜恩惠'로 알게 하며 사료집도 겸하도록 고려해서 일본의 식민지정책에 유리한 것만 선택하고 불리한 것은 모두 빼어 한국역사를 일제의 식민지통치에 적합하도록 왜곡한 것이었다.[1)]『조선사 길잡이』는 일제 조선총독부의 식민지통치 25주년을 기념하여 대중용 한국사 해설서로 편찬한 것으로서, 한국민

1) 金容燮, 「日本·韓國에 있어서의 韓國史敍述」, 『歷史學報』 제31집, 1966 참조.

족은 고대부터 중국과 일본의 식민지로 시작하여 언제나 타율적이고 사대적인 역사를 가지고 있었으며 일제 통감과 총독의 통치 아래서 처음으로 행복한 발전을 이루게 되었다고 해설한 역사서였다.

일제의 조선사학회(총재 정무총감 아리요시 주이치有吉忠一, 회장 오다 쇼고小田省吾)는 한국인들에게 식민주의사관에 의거해 왜곡한 한국역사를 주입하기 위하여 조선사강습회를 개최하는 한편 그 교재로 『조선사강좌朝鮮史講座』(1923~24)를 간행하였다. 이어서 이를 토대로 『조선사대계(朝鮮史大系)』(5책), 『조선분류사강의朝鮮分類史講義』 등을 간행하였다.

이 밖에도 일제 식민주의사관에 입각한 일본인 역사가들의 개별적 저서(예컨대 미시나 쇼에이三品彰英의 『조선사개설朝鮮史概說』 등)와 『청구학총靑丘學叢』 등 여러 학술잡지에 게재된 수많은 논문들이 한국역사 왜곡에 참가하였다.

2. 일제 식민주의사관의 한국역사 날조·왜곡·말살

이러한 식민주의사관에 의거한 일제의 한국역사 왜곡이 강조한 요점은 무엇인가?

일제는 한국민족사가 이미 기원전 24세기부터 고대국가 '고조선'을 건국하여 독창적 민족문화를 찬란하게 창조 발전시켜온 선진문명국가의 역사이며, 서양문명이 일본열도에 들어오기 전까

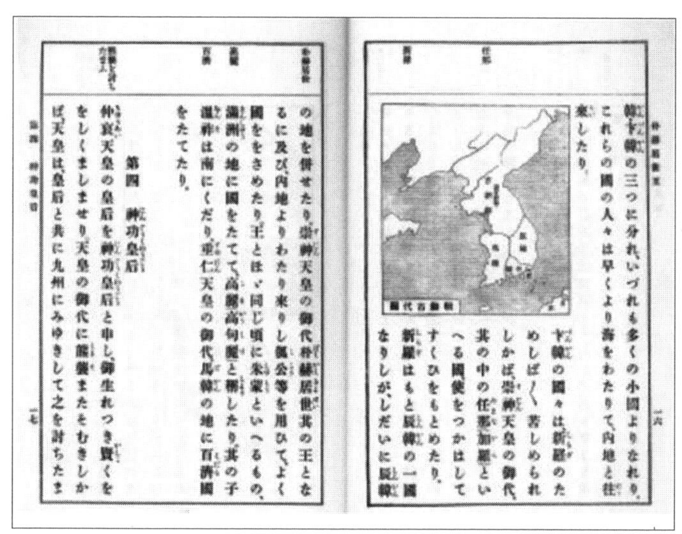

韓卞韓の三つに分れ、いづれも多くの小國よりなれり。これらの國の人々は早くより海をわたりて內地と往來したり。

卞韓の國々は新羅のためしばしば苦しめられしかば、崇神天皇の御代其の中の任那加羅といへる國使をつかはしてすくひをもとめたり。新羅はもと辰韓の一國なりしが、しだいに辰韓の地を併せたり。崇神天皇の御代朴赫居世其の王となるに及び、內地よりわたり來りし瓠公等を用ひて、よく國ををさめたり。王とはゞ同じ頃に朱蒙といへるもの、滿洲の地に國をたてて、高麗高句麗と稱したり。其の子溫祚は南にくだり、垂仁天皇の御代馬韓の地に百濟國をたてたり。

第四　神功皇后

仲哀天皇の皇后を神功皇后と申し、御生れつき賢くををしくましませり。天皇の御代に熊襲またそむきしかば、天皇は皇后と共に九州にみゆきして之を討ちたま

〈그림 21〉 조선총독부 교과서의 한국역사 왜곡 날조의 한 단면

지 선진한국민족이 일본에게 선진문명을 가르쳐주고 전수해준 은혜로운 민족임을 부정하고, 역으로 일본문명이 고대부터 한국을 가르쳐주고 한국을 정복하여 식민지로 지배해왔다고 날조하였다.

첫째로, 일제 어용사가들은 고조선과 단군의 역사를 한사코 부정하고 제외하였다. 고조선과 단군의 역사를 인정하면 한국민족의 역사가 일본민족의 역사보다 두 배나 오래되고 고대 문명 독립국가로 출발했음을 증명해주기 때문이었다. 그들은 단군조선檀君朝鮮은 사실에 없는 황당한 신화일 뿐이며, 고려 시대 승려가 지어낸 가상의 이야기에 불과하다고 주장하였다.[2)]

---

2) 愼鏞廈, 「韓國近現代史에 있어서 民族主義史觀의 展開와 植民主義史觀의 批判」, 『한국

둘째로, 일제 어용사가들은 한국민족사의 기원이 주변 국가의 식민지로 시작되었다고 날조하여 주장하였다. 그들은 한국역사가 기자조선箕子朝鮮에서 시작된다고 주장하거나(하야시 다이스케 林泰輔 등), 위만조선衛滿朝鮮에서 시작된다고 주장하였고(오다 쇼고 등), 한漢의 식민지인 한4군漢四郡에서 시작된다고 주장하기도 하였다(이나바 이와기치 등). 그들은 한국민족의 고대사(고조선)가 북방민족의 식민지에서 출발했음을 강조하는 데는 주장을 같이하였다. 한국민족의 기원을 북방은 중국의 '식민지'로부터 시작했다고 날조하여 한국인들의 독립심을 말살하고 일제 식민지 상태를 체념하여 받아들이도록 하기 위한 것이었다.

셋째로, 일제 어용사가들은 일본의 신공황후神功皇后가 신라를 정벌하여 항복받았다고 역사를 날조하였다. 또한 소위 '임나일본부설'을 지어내 일본이 고대(2~4세기)에 한반도의 가라加羅 지방에 '직할식민지'인 '임나일본부'를 설치하여 직접 지배했으며, 신라·백제와 고구려까지도 임나일본부와 일본에 조공을 바쳤다고 허위사실을 날조하였다. 그러면서 20세기 일제의 한반도 식민지통치는 고대 한반도 식민지통치의 '복구'라고 강조하였다.

넷째로, 그들은 한국역사의 특징을 타율성이라고 강조하였다. 그들은 한국역사가 고대 이래 최근세에 이르기까지 북으로는 강대한 북방민족과 중국, 남으로는 일본의 세력권과 영향권 아래 있었으며, 따라서 외세에 의하여 한국역사가 결정된 타율성의 역

의 사회와 문화』 제22집, 1994 참조.

사를 면하지 못했다고 주장하였다. 그리하여 그들은 북방민족의 지배력을 강조하고 한국역사의 부속성附屬性, 주변성을 강조하는 소위 '만선사관滿鮮史觀'을 주장하기도 하고(이나바 이와기치, 이케우치 히로시池內宏, 시라토리 구라키치白鳥庫吉, 쓰다 소키치津田左右吉 등), 날조한 소위 임나일본부설에 의거하여 일본의 한국 지배를 강조하기도 했으며(하야시 다이스케, 오다 쇼고, 이나바 이와기치, 스에마쓰 야스카즈末松保和 등), 한국역사의 이러한 타율성은 한국이 '반도'라는 지리적 환경에서 나온 '반도적 성격'으로서 운명적인 것이라고 주장하기도 하였다(미시나 쇼에이, 오다 쇼고 등). 이러한 주장들이 날조되고 왜곡된 것이었음은 더 말할 필요도 없는 것이었다.[3)]

다섯째로, 그들은 한국역사의 타율성에서 나온 자명한 한국역사의 특징으로서 '사대성'을 매우 강조하였다. 한국민족은 주변의 강대국에 복종하고 그에 의존해서 국가와 생명을 연명해온 역사라고 날조하고 왜곡하여 강조하였다(오다 쇼고, 미시나 쇼에이, 세노 우마쿠마瀨野馬熊 등).[4)]

여섯째로, 그들은 한국역사에서 나타나는 문화는 독창성이 없고 종주국을 모방한 것에 불과한 '모방성'을 특징으로 한다고 왜곡하여 주장하였다(미시나 쇼에이, 이마니시 류, 다카하시 도루高橋亨, 세키노 다다시關野貞, 하기야마 히데오萩山秀雄, 가야하라 마사조栢

3) 李基白, 「半島的 性格論 批判」, 『한국사 시민강좌』 제1집, 일조각, 1987 참조.
4) 李基白, 「事大主義論 問題点」, 『民族과 歷史』(신판), 일조각, 1994, pp. 184~99 참조.

源昌三, 오하라 도시다케大源利武 등). 그들은 심지어 훈민정음의 창제까지도 몽골문자를 모방한 것이라고 주장하였다.[5)]

일곱째로, 그들은 한국역사는 장기간 '정체성停滯性'이 지배하여 내부에 스스로 발전할 수 있는 능력과 원동력과 요인이 결여되어 있고, 19세기 말 20세기 초의 한국역사의 발전 단계는 일본의 고대말이나 10세기 후지하라藤原 시대에 해당한다고 왜곡하여 주장하였다(이나바 이와기치, 가와이 히로타미, 구로다 이와오黑田巖, 후쿠다 도쿠조福田德三, 모리타니 가쓰미森谷克己, 시카타 히로시四方博 등).[6)]

여덟째로, 그들은 한국역사는 고대 이래로 최근세까지 당쟁·정쟁을 일삼은 '당파성'을 특징으로 한다고 왜곡하여 주장하였다. 그들은 한국역사의 이 당파성이 사색四色당쟁뿐만 아니라 사대성과 결합하여 친원파·친명파·친일파·친청파·친러파 등 파당을 지어 끊임없이 당쟁을 전개해왔으며 한 번도 제대로 단결해보지 못한 역사였다고 왜곡하여 주장하였다(미시나 쇼에이, 오다 쇼고, 세노 우마쿠마 등).[7)]

아홉째로, 그들은 일제가 한국을 병탄하여 '동화'라는 이름의 한국민족말살정책을 실시해서 한국민족을 영구히 소멸시켜 일본민족 내의 예속천민층으로 편입하는 정책을 추진하자 이에 보조를 맞추어 한국민족은 원래 일본민족과 조상이 동일했다고 주

---

5) 旗田巍·李基東, 「日本에 있어서의 韓國史硏究의 傳統」, 『한국사 시민강좌』 제1집 참조.
6) 姜晋哲, 「停滯性論 비판」, 『한국사 시민강좌』 제1집 참조.
7) 같은 곳 참조.

장하면서 단군이 일본의 신 스사노오素盞鳴尊의 아우라고 주장하기도 하고, 한국민족이 일본민족의 한 지류라고 주장하기도 하는 등 여러 가지 형태의 '일선동조론'을 주장하였다(오다 쇼고, 가나자와 쇼자부로, 기타 사다키치喜田貞吉, 호시노 히사시星野恒, 구메 구니타케久米邦武 등).[8]

열째로, 그들은 여기에 그치지 않고 한국역사의 이러한 특징이 한국인의 일상생활과 행동과 사고에 침전하여 민족적 성격으로 고착되어서, 한국민족은 사대성·당파성·모방성 등 열악한 민족성을 갖게 되었다고 날조하고 왜곡하여 주장하였다(오다 쇼고, 미시나 쇼에이, 조선총독부와 조선사편수회·조선사학회의 각종 간행물 등).[9]

일제가 한국역사를 이와 같이 왜곡·말살·날조한 것은 한국인으로 하여금 민족의식을 버리고 일제의 식민지정책에 감사하면서 일제 침략전쟁에 나서서 일본 제국주의와 일본천황을 위하여 목숨을 바쳐 희생하도록 독려하기 위한 것이었다. 예컨대 일제의 『초등국사』 6학년용 교재는 다음과 같이 결론을 맺고 있었다.

조선의 정치는 역대 총독이 오로지 일시동인一視同仁의 성지聖旨

---

8) 李萬烈, 『韓國近代歷史學의 理解』, 문학과지성사, 1981, pp. 263~64 참조.

9) 愼鏞廈, 「民族的 性格의 再檢討」, 『大學新聞』, 1962년 10월 29일자 참조. 필자는 일찍이 이 논문에서 일제가 식민지정책과 식민주의사관의 일환으로 한국인의 민족적 성격을 사실과 정반대로 왜곡하여 사대성, 당파성, 모방성 등을 특징으로 한다고 무설誣說을 만들어 교육해서, 독립운동을 좌절시키고 민족적 자부심과 민족의식을 소멸시키려 했음을 조목별로 분석하여 제시한 일이 있다. 愼鏞廈, 「韓國近現代史에 있어서 民族主義史觀의 展開와 植民主義史觀의 批判」 참조.

를 넓히는 일에 힘썼기 때문에 불과 30년 사이에 크게 발전했습니다. 그리하여 세상은 평온해지고 산업은 개발되었으며, 그 가운데서도 농업과 광업이 뚜렷하게 발전되었고, 근년에 이르러 공업의 발전도 눈부신 바 있으며, 육해의 교통기관도 정비되고, 상업도 왕성하여 무역은 해마다 발전했습니다. 〔……〕 특히 육군에서는 육군 지원병제도를 실시하게 되니 조선인들도 국방을 담당하게 되고, 이미 전쟁에 나가 용감하게 전사하여 야스쿠니신사에 봉안되어 호국의 신이 되기도 하고, 일본식 성씨를 칭할 수 있게 허락되어 내지와 동일한 가문의 성씨를 붙일 수 있게 되었습니다. 오늘날 조선 지방 2,300만의 주민은 국민총력연맹을 조직하여 일제히 '황국신민의 서사'를 제창하며 신애협력하고 내선일체의 진심을 나타내어 충군애국의 지기에 불타 모두가 오로지 황국의 목표에 매진하고 있습니다.[10)]

일제의 한국역사 왜곡·말살·날조가 얼마나 극심했으며 그 목표가 한국인의 민족말살과 일제 침략전쟁에의 동원에 있었음을 여기서도 명확히 알 수 있다.

10) 朝鮮總督府, 『初等國史』 6학년용(1941) 「東亞의 要諦」; 金興洙, 『韓國史敎育史』, 대한교과서주식회사, 1992, pp. 138~49 참조.

제11장
한국성명 말살과 '창씨개명' 강제

1. 일제의 '창씨개명' 목적과 제령에 의한 강제

일제는 한국민족말살정책의 일환으로 1939년 말부터 본격적인 일본식 '창씨개명創氏改名'정책을 강제 집행하였다.

'창씨개명'이란 종래의 한국식 '본관'과 '성'은 호적란 구석에 기록으로만 남겨놓고 새로이 일본식 '씨氏'를 만들어 일본어로 풀어 발음하고, 이름도 일본식으로 고치거나 일본식으로 풀어 발음하도록 바꾸는 것이었다.[1) 예컨대 한국성명 '김일촌金一村'을 '金山一村'으로 '창씨'를 했다면, 이제 일본식 발음인 '가네야마 이치무라'로 호칭하도록 강제한 것이었다.

일본이 창씨개명정책을 강행한 것은 한국식 성명을 말살함으

1) 金英達, 「創氏改名의 制度」, 정운현 편역, 『創氏改名』, 학민사, 1994, pp. 41~70 참조.

로써 ① 일본인과 구별되는 한국인의 민족의식을 말살하고, ② 민족문화의 핵심 가운데 하나인 한국성명문화를 없애며, ③ 민족의식과 결합되어 있는 '관향' '종친' 의식을 소멸시키고, ④ 일본 가족제도를 이식하며, ⑤ 일본인 의식을 주입하여, ⑥ 한국인을 침략전쟁에 동원 투입하고, ⑦ 궁극적으로 한국청년들에게 강제 '징병제'를 실시하여 침략전쟁에 희생시키려고 목적한 것이었다.

한국의 민족문화는 성姓을 혈연공동체의 큰 단위로 매우 중시하였다. 예컨대 무언가를 하지 않겠다는 서약을 할 때 이를 어길 경우 "성을 바꾸겠다"든가, 혹독한 욕설에 "성을 갈 사람" 등과 같은 표현이 사용되는 것이 그 단적인 예이다. 한국의 '성'은 조상의 발원지 또는 연고지인 한국 군현郡縣과 관련하여 반드시 '관향貫鄕'(본관)을 갖고 있었다. 예컨대 광산光山 김씨, 김해金海 김씨, 동래東萊 정씨와 같은 것이다. 한국의 관향은 관향이 없는 중국 성씨와는 큰 차이가 있는 것이었으며, 국토애와 밀착되어 민족의식과 뿌리 깊이 융합되어 있는 것이었다.

일제는 한국청년들에 대한 징병제 실시를 준비하면서 개인과 가족 수준에서도 한국민족의식을 유발시키는 한국식 성명까지 바꾸어 일본 '황국신민의식'을 철저하게 주입시키지 않으면 한국인들이 일제의 침략전쟁에 '총알받이'로 투입되어 일본을 위해 싸우다 죽어주지 않으리라는 것을 예견하고, 이에 대한 대책으로 '창씨개명'을 강행하려 한 것이었다.

일제총독 미나미 지로는 창씨개명을 강제하기 위해 1939년 11

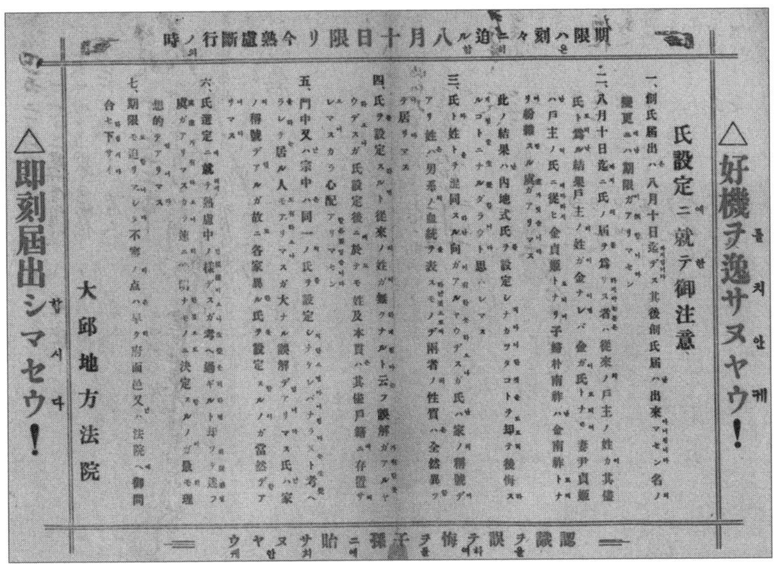

〈그림 22〉 일제의 창씨개명 독촉 공고

월 10일 제령 제19호 '조선민사령 중 개정 건'과 제령 제20호 '조선인의 씨명에 관한 건'을 공포하여 한국인의 창씨개명을 명령하였다.[2)]

제령 제19호의 '창씨개명'에 관한 규정은 제11조 단서에 "단, 씨에 관한 규정은 조선의 관습에 따르지 않고 내지(일본) 민법에 따른다. 씨는 호주가 정한다"고 규정하고, 부칙 제2항과 제3항에서 다음과 같이 보다 명확히 규정하였다.

제19호의 부칙 제2항: 조선인 호주는 이 법령 시행 후 6개월

2) 호사카 유지, 『日本帝國主義의 民族同化政策分析』, 제이앤씨, 2002, pp. 181~210 참조.

(1940. 2. 11~8. 10) 이내에 새로운 씨氏를 정하여 부윤 또는 읍면장에게 신청할 것을 요한다.

제3항: 전항의 규정에 따라 (창씨계를) 제출하지 않았을 경우, 이 법령이 시행된 때(1940. 2. 11) 당시의 호주의 성姓을 가지고 씨를 삼는다.

제령 제20호는 제1조에서 "어역대어휘御歷代御諱 또는 어명御名(역대 일본천황의 이름)은 씨氏 또는 명名으로 사용할 수 없다. 자기 성 이외의 성은 씨로서 사용할 수 없다"고 한 바와 같이 금지조항을 설정한 것이었다.

일제는 총독 제령 제19호와 제20호에 의거하여 총독부령 제219호, 제220호, 제221호, 제222호 및 총독부 훈령 제77호를 발표하여 소위 '창씨개명'을 강행하였다.

일제는 조선총독의 명령을 '제령'이라 특칭하고 '법률'과 동격으로 규정했으므로, 소위 창씨개명은 일제총독의 '제령'에 의해 처음부터 법률적으로 강제된 것이었다. 단지 조선인의 저항을 무마하기 위해 조선인의 '자원'에 의한 것처럼 위장하려고 획책했을 뿐이었다.

2. '창씨개명'의 강제 실시

일제는 1940년 2월 11일 소위 '기원절'(일본 '진무神武천황'에

半島文壇の大御所
李光洙さん
氏へ名乗り
一家揃つて香山姓へ

創氏の苦心を語る李光洙さん

〈그림 23〉 창씨개명을 결의한 이광수를 소개한 총독부 기관지 『경성일보』 기사(1939. 12. 12)

의한 개국기원절, 한국의 개천절에 해당)을 기하여 조선인의 창씨개명을 시작하고, 6개월 후인 8월 10일 이를 종료하도록 하였다.

일제는 창씨개명을 '자원'으로 위장하기 위해 벌칙조항을 설정하지 않는 대신 명망 있는 조선인들을 내세워 이를 독려하도록 하였다. 이에 이용된 대표적 인물이 소설가 이광수, 문학평론가 김문집金文輯 등과 같은 유명한 문인들이었다. 예컨대 일제는 반도문단의 대표 격인 이광수가 "가야마 미쓰로香山光郎"라고 창씨개명했음을 『경성일보』 1939년 12월 12일자에 대대적으로 보도하고, 그 이후에도 한국인 명사들의 창씨개명을 대대적으로 소개하여 한국인 '자원' 참가의 동인으로 삼으려고 하였다.

일제는 행정력으로 초반 3개월 안에 한국인의 일본식 창씨개명을 대부분 '자원' 형식으로 수행할 계획이었다. 그러나 한국인의 반응은 참으로 냉담하고 저항적이었다.

창씨개명 신청 시작일인 2월 11일 첫날의 신청서 제출은 전국에서 겨우 48건, 이튿날은 겨우 39건에 불과하였다. 일제는 경악하였다. 일제가 아무리 선전 홍보를 해도 한국민중들은 냉담하

〈그림 24〉 일제의 '창씨개명' 총동원 광고

였다. 신청기한 절반을 넘은 5월 20일까지도 신청률은 총 호수의 겨우 7.6퍼센트에 불과하였다. 그것도 각종 총독부 행정기관에 들어가 있거나 직결되어 있는 친일파에 국한되었다. 일제의 창씨개명정책은 완전히 실패한 것이었다.

일제는 이에 창씨개명을 강제하기 위한 폭력적 억압책을 사용하였다. 당시 일제총독부의 '촉탁'으로 일했던 한국인은 일제 당국의 강제 압력 방법의 종류를 다음과 같이 기록하였다.

(1) 창씨 하지 않은 사람의 자제에 대해서는 각급 학교로의 입학·진학을 거부한다.

(2) 창씨를 하지 않은 아동은 일본인 교사가 이유 없이(창씨 하지

않은 것을 이유로) 질책, 구타함으로써 아동의 호소에 의해 그 부모가 창씨 하게 한다.

(3) 창씨를 하지 않은 사람은 공사를 불문하고 총독부 기관에 일체 채용하지 않는다. 또한 현직자도 점차 면직 조치를 취한다.

(4) 창씨를 하지 않은 사람에 대해서는 행정기관과 관련된 모든 사무를 취급하지 않는다.

(5) 창씨를 하지 않은 사람은 비국민 또는 불령선인으로 단정하여, 경찰수첩에 등록하고 사찰·미행을 철저히 한다.

(6) 창씨를 하지 않은 사람은 우선적으로 노무징용의 대상자로 한다.

(7) 창씨를 하지 않은 사람은 식료 및 기타 물자 배급 대상에서 제외한다.

(8) 창씨 하지 않은 조선인의 이름이 붙어 있는 화물은 철도국 및 환성丸星 운송점이 취급하지 않는다.[3)]

일제는 총독부 행정기관을 통해 이러한 탄압과 함께 면별로 실적 독려의 배당을 하였다. 이에 일제 각급 관리들은 '창씨개명'의 실적을 채우기 위해 적극 나서서 각 문중의 유력자를 협박 회유하기도 하고, 본인의 동의도 없이 자의로 '창씨'를 자행해버리기도 하였다. 또한 일제가 조직한 친일어용단체인 '국민정신총동원 조선연맹'의 전국 조직을 총동원하여 창씨개명을 독려케 하

---

3) 文定昌, 『軍國日本朝鮮强占三十六年史』 하권, 栢文堂, 1967, pp. 351~56 참조.

였다.

일제의 이러한 폭압 속에서 한국인들은 창씨개명을 피할 수 없는 여건에 처했음을 알게 되었다. 그것은 '창씨개명'을 신청하는 경우(설정設定 창씨개명)는 물론이요, 신청하지 않는 경우에도 총독 제령 제19호에 의해 창씨개명(법정法定 창씨개명)이 되어 옛 성명이 한자로는 남아 있지만 공식적으로는 일본식으로 발음하여 호칭하도록 법정되었기 때문이었다. 예컨대 南忠一은 '남충일'로 불리지 않고 이제는 '미나미 다다이치'로 불려 강제 '창씨개명'되었다.

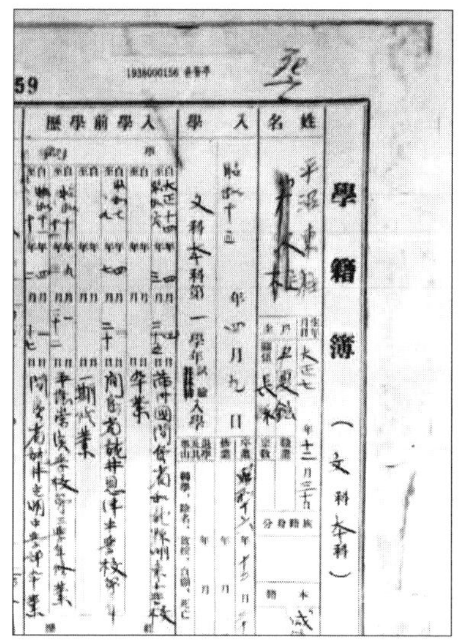
59
姓名
入學
入學前學歷
學籍簿

〈그림 25〉 시인 윤동주의 개인적인 거부의사를 무시하고 문중 성씨의 창씨개명으로 인해 강제 기입된 창씨개명

뿐만 아니라 '창씨개명'을 하지 않는 사람은 우선적으로 노무징용 영장이 나와 군수시설 강제노역에 투입되면서 강제 창씨개명된다는 사실이 알려졌다. 일제의 이러한 정책은 실제로 집행되었다. 예컨대 일본 미토水戸탄광에 한국인 성명으로 징용된 한국인 노무자는 김·이·박씨를 가리지 않고 그곳 일본인 관리자에 의해 一郎(이치로)부터 十郎(주로)까지 하여 水戸一郎(미토 이치로), 水戸二郎(미토 니로), 水戸三郎(미토 산로) … 水戸十郎(미토 주로) 등으로 '창씨개명'을 강제당하였다.

이에 한국의 각 문중에서는 파派별로 뒤에 나라를 되찾으면 복원할 수 있는 방법의 '창씨'를 의논하게 되었다. 원래 창씨는 각 가정의 호주가 결정하도록 된 것이었는데, 종문宗門이 결정하게 되고 일제는 오히려 이를 받아들여 독려하였다. 그리하여 1940년 『경성일보』에는 "柳姓(유씨 성)이 일제히 창씨" "1만 가구가 가와모토河本 성姓" "8만이나 되는 동성에 야나가와梁川 창씨의 격문"과 같이 일거에 수천, 수만씩의 '창씨'가 나타나게 되었다.[4] 그리고 이 방식이 지배적인 방법이 되었다.

일제의 제령은 성과 씨를 구분하여 '성'은 본관과 함께 호적란 귀퉁이에 기록을 남겨두고 '씨'를 호주별로 '창씨'한다고 설명했으나, 실제로는 한국 성을 말살하고 일본식 성으로 바꾼 것이었다. 당시 창씨개명을 도둑질당한 사례의 하나를 들어보면 다음과 같다.

그 당시에는 창씨가 별로 성과를 거두지 못하고 있었어요. 『조선일보』가 폐간된 이듬해인 1941년 나는 아이들 입학관계로 호적등본을 떼 오기 위해 고향인 철산에 내려갔습니다. 나는 창씨를 하지 않고 있었기 때문에 호적에 내 이름이 그대로 남아 있으리라고 생각했었는데, 막상 면사무소에 가보니 성이 '香山'으로 바뀌어져 있지 않겠어요. 나는 흥분하여 면장에게 "누가 그랬느냐. 이렇게 하는 법이 어디 있느냐. 옛날 왕이 賜姓(사성)하는 법은 있으나

4) 梁泰昊, 「創氏改名의 사상적 배경」, 『創氏改名』, p. 123 참조.

법이 완비된 나라가 법을 무시하니 망하고 말 것"이라고 항의했어요. 면장의 대답은 "본인이 아니더라도 친족 간에 누가 해도 괜찮도록 되어 있고, 누가 했는지는 모르겠다"는 거예요. 나는 우리 선조들이 선천 산면 향산동에 많이 살고 있으므로 그곳의 지명을 따서 면장이 자기 마음대로 고쳤을 것이라고 짐작했지요.[5)]

일제의 이러한 각종 폭압적 강제에 의해 1940년 9월 20일(마감은 8월 30일, 그 후의 것도 인정) 당시 한국인 총 호수 428만 2,754호의 74.8퍼센트에 해당하는 320만 116호가 대부분 강제로 창씨개명을 당하게 되었다.[6)]

일제가 창씨개명을 시작한 3개월간은 총 대상호수의 겨우 7.6퍼센트의 '창씨개명' 계출밖에 없었는데, 그 후 3개월간은 총 대상호수의 74.8퍼센트의 계출을 만들어냈으니 이 3개월간 창씨개명을 만들어내기 위한 일제의 행정적인 강제가 얼마나 폭압적이었는가를 알고도 남음이 있다.

일제의 창씨개명은 한국식 성명을 말살하고 일본식 성명을 모든 한국인에게 강제한 것이었다. '창씨' 계출서를 낸 한국인은 물론이요, 내지 않은 한국인도 공식 호칭을 일본식으로 발음하게 되어 '창씨개명'이 강제되었다. 예컨대 吳忠三은 '오충삼'이 아니라 '구레 다다미쓰'로 호칭되었다.

---

5) 金東昊, 「일제하의 創氏改名」, 『創氏改名』, p. 204.

6) 宮田節子, 「創氏改名의 실시과정」, 『創氏改名』, p. 73; 『總動員』, 1940년 6·7월호; 『高等外事月報』, 1940년 9월호.

또한 가족제도에서도 결혼한 부인은 평생 자기 친정 본래의 성을 갖는 것이 아니라 일본식으로 남편의 성을 따르게 되었다. 예컨대 '오충삼'의 부인 金順伊는 '김순이'가 아니라 '吳順伊'가 되어 '구레 준코'로 불리게 되었다. 한국의 동성 양자제도도 부정되어 일본식의 이성異姓 양자제도로 바뀌었다. 전통적 가족 친족제도의 파괴에 의한 한국민족문화 말살정책과 민족의식 소멸정책도 동시에 강행된 것이었다.

일제강점기에 '창씨개명'을 한 재일동포를 대상으로 재일본 학자가 조사한 결과, "강제되어서"가 80.0퍼센트, "자발적"이 17.1퍼센트, "잘 모르겠다"가 2.9퍼센트로 나오기도 했다.[7)]

3. '창씨개명'에 대한 한국인의 저항

1) '자결'에 의한 저항

일제의 창씨개명정책에 한국인들은 다양한 방식으로 저항하였다. 일부 인사들은 '자결'을 감행하여 일제의 한국성명 말살정책에 항의하였다. 예컨대 전라남도 곡성군 오곡면에 사는 유건영柳健永은 '창씨개명'에 반대하는 엄중한 항의서를 일제총독과 중추원에 보낸 후 다음과 같은 유서를 남기고 '자결'하여 일제를 규탄

---

7) 梁泰昊, 「創氏改名의 사상적 배경」, 『創氏改名』, pp. 123~24 참조.

하였다.

> 슬프다. 유건영은 천년의 고족古族이다. 일찍 나라가 망할 때 죽지 못하고 30년간 치욕을 당할 때 저들의 패륜과 난륜은 귀로써 듣지 못하고 눈으로써 보지 못하겠더니, 이제 혈족의 성姓마저 빼앗으려 한다. 〔……〕 이것은 금수의 도를 5천 년 문화민족에게 강요하는 것이니, 나 건영은 짐승이 되어 살기보다는 차라리 깨끗한 죽음을 택하노라.[8]

또한 전라북도 고창군 고창읍의 설진영薛鎭永은 '창씨' 하지 않으면 자녀를 학교에서 퇴학시키겠다는 협박을 받아 결국 '창씨'를 해서 아이를 학교에 보낸 다음, 돌을 안고 우물에 뛰어들어 '자결'해서 조상에 사죄하고 일제에 항의하였다.[9]

2) 투옥에 의한 저항

많은 사람들이 일제의 '창씨개명' 정책을 공개적으로 비판했다가 투옥되면서도 이에 저항하였다. 문창수文昌洙라는 사람은 일제의 '창씨개명'에 공개적으로 반대하다가 체포되자 법정투쟁 끝에 실형을 언도받고 투옥되었지만 끝까지 항거하였다.[10] 충북 충주

---

8) 金東昊, 「일제하의 創氏改名」, 『創氏改名』, pp. 210~11.
9) 같은 글, p. 211.
10) 같은 곳.

군 김한규는 일제의 '창씨개명' 정책을 공개 비판하면서 저항했다가 1년 징역을, 충남 대덕군의 이기용은 8개월 징역의 실형을 언도받고 복역하였다.[11] 이 밖에도 '창씨개명'을 공개 비판했다가 구류 처분을 받은 사람은 상당히 많았다.

3) 독립 후의 한국 성으로의 복성復姓을 기약한 '창씨' 채택

'창씨개명'을 한 대부분의 경우, 후일 한국이 주권을 회복하는 날이 오면 본래의 한국식 성으로 돌아가기 위해 쉬운 표시를 붙인 '창씨'로 대응하였다. 예컨대 '本' '原' '家'… 자들을 붙인 경우이다. '安本' '金本' '河本' '愼原' '康原' '李家' 등은 '본래 안' '본래 김' '본래 하' '본래 신' '본래 강' '이씨 집'의 뜻을 갖도록 해서 '창씨'를 바로 버릴 수 있게 대비한 것들이다.

4) 일제를 풍자 조롱한 '창씨' 채택

일본식으로 발음하면 조선어의 풍자가 되도록 '창씨' 하여 일제를 조롱한 경우도 있었다. 예컨대 농부 김병하金柄夏는 田農柄夏(덴노 헤이카)로 '창씨' 하여 일본식 발음으로 "덴노 헤이카"(천황폐하)라고 발음되도록 해서 일제정책을 조롱하였다. 엄이섭嚴珥燮이라는 사람은 성명 다음에 '也'('이다'라는 뜻)자만을 붙

---

11) 같은 곳.

여 '嚴珥燮也'('엄이섭이다')라고 창씨개명해서 일제정책을 조롱하였다.

'창씨개명' 강요에 시달린 강원도의 한 사람은 한국 민요가락으로 자기 이름을 "에하라 노하라"의 발음이 나오도록 '江原野原'(에하라 노하라)로 짓고, 자기 부인 이름은 '에하라 좋고'의 발음이 나오도록 '江原千代子'(에하라 지요코)라고 지어 일제를 조롱하였다. 어떤 사람은 '창씨' 강요에 시달리다가 '犬糞食衛'(이누쿠 소쿠라에, 개똥 먹을 놈이라는 뜻)로 지어 일제를 풍자하였다.[12]

일제의 '창씨개명' 강제는 한국식 성명을 말살하여 한국민족문화와 민족의식을 소멸시키면서 일본식 이름을 강제로 부르는 동안에 '황국신민' 의식을 주입하여 '징병' 등 일제의 침략전쟁에 동원하려 한 한국민족말살정책의 한 종류였다.

---

12) 같은 글, pp. 209~10.

제12장
황국신민의 서사와 궁성요배

1. '황국신민의 서사' 강제

일제총독부는 한국민족말살과 일제의 노예적 '황국신민' 의식 주입을 위하여 1937년 10월 소위 '황국신민皇國臣民의 서사誓詞'라는 서약 구호를 만들어 강제로 암송하고 행사 때마다 복창하도록 하였다.

소위 '황국신민의 서사'를 만들어 강제하는 데 미나미 지로 총독과 함께 주역을 한 총독부 학무국장 시오바라 도키사부로鹽原時三郞는 '황국신민'의 내용을 "천황을 중심으로 받들며 천황에 절대수순絶對隨順하는 도道이다. 절대수순이라 함은 나를 버리고 나를 떠나서 오직 천황에 봉사하는 것이다. 이 충성의 도를 행하는 것이 우리들 국민의 유일한 사는 도이며 모든 힘의 원천이다. 그러면 천황을 위하여 몸과 마음을 다 바치는 것은 소위 자기희생

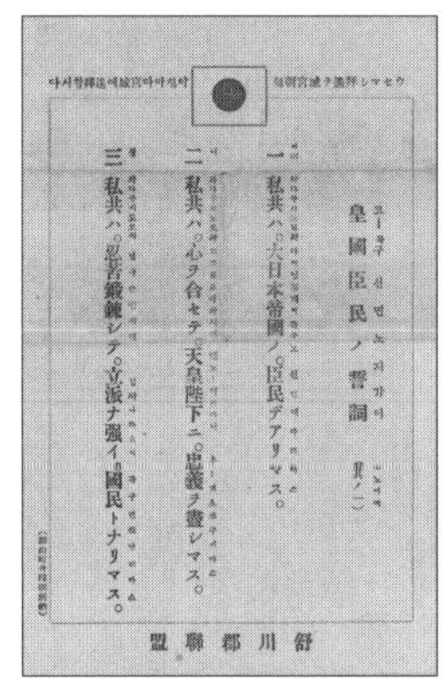

皇國臣民ノ誓詞 其ノ(一)

一 私共ハ大日本帝國ノ臣民デアリマス。

二 私共ハ心ヲ合セテ天皇陛下ニ忠義ヲ盡シマス。

三 私共ハ忍苦鍛錬シテ立派ナ強イ國民トナリマス。

舒川郡聯盟

〈그림 26〉 '황국신민의 서사' 강요 전단

〈그림 27〉 '황국신민의 서사'를 복창하는 국민학생들

이 아니라 '천황의 위광'(御稜威)에 살아서 국민으로서의 참 생명을 발양하는 것이다"[1]라고 설명하였다.

일제의 소위 '황국신민의 서사'는 다음과 같이 아동용(I)과 중학교 이상의 학생·일반용(II)의 두 종류가 제정되었다.

황국신민의 서사(I)

(1) 나는 대일본 제국의 신민(臣)입니다.

(2) 나는 마음을 합해 천황폐하께 충의를 다하겠습니다.

(3) 나는 인고단련하여 훌륭하고 강한 국민이 되겠습니다.

1) 「皇國臣民タルノ自覺徹底」, 『文教の朝鮮』, 昭和13년(1938년) 3월호; 宮田節子, 「皇民化政策の構造」, 『朝鮮史研究會論文集』 제29집, 1991, pp. 43~44.

황국신민의 서사(II)

(1) 우리는 황국신민이다. 충성으로써 군국君國에 보답하자.

(2) 우리 황국신민은 서로 신애협력하여 단결을 굳게 하자.

(3) 우리 황국신민은 인고단련의 힘을 길러서 황도皇道를 선양하자.

일제는 이 '황국신민의 서사'를 모든 학교·단체·직장·모임에서 반드시 암송하여 복창하도록 다음과 같이 규정하였다.

(1) 4대절(신년, 기원절, 천장절, 명치절), 축제일, 기타 모든 의식의 경우에는 국가(기미가요) 제창 후에 낭송하도록 할 것.

(2) 학교에서는 조회 때에 제창하도록 할 것.

(3) 학교 또는 단체의 여러 가지 집회, 개최행사, 기타 적당한 기회에 적절하게 차례를 정하여 일제히 낭송시킬 것.

(4) 정도를 달리하는 학교, 또는 구성원을 달리하는 단체가 동일 장소에서 낭송해야 할 경우에는, 학교에서는 정도가 낮은 학교로부터, 단체에서는 연소한 단체로부터 '황국신민의 서사' I과 II의 구별에 따라 모두 낭송시킬 것. 학교 단체와 청소년단 단체가 동일 장소에 있는 경우에도 위의 구별에 따라 동시에 모두 낭송시킬 것.[2)]

일제는 공식생활에서는 거의 매일 모든 회합에서 '황국신민의

2) 朝鮮總督府, 「彙報」, 『朝鮮』 제270호, 1937년 11월.

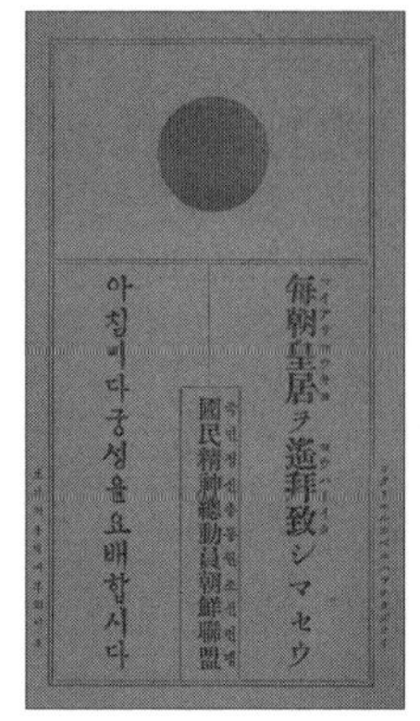

〈그림 28〉 '궁성요배' 지시서와 그 강제 실시의 한 장면

서사'를 낭송하고 복창할 것을 요구했으므로 한국인 학생들과 백성들은 이 강제의식에 굴욕감과 함께 매우 큰 정신적 고통을 받았다.

2. 궁성요배

일제는 또한 한국민족의식을 소멸시키고 일본천황에 대한 충성심을 조장하기 위해 일본천황이 있는 쪽을 향해, 멀리서 허리를 90도로 꺾어 큰절을 하는 소위 '궁성요배宮城遙拜'라는 것을 공식생활에서 거의 매일 강제하였다. '궁성요배'는 일본 도쿄에 있는 일본천황을 향해 예배를 하는 것이기 때문에, 동방요배東方遙拜 또는 황거요배皇居遙拜라고도 불렀다.

일제는 '신사참배' 때에는 물론이요, 모든 의식과 학교 조회 등에서 '궁성요배'를 반드시 식순에 넣도록 강제하였다. 그리고 이것을 조선사람들이 민족의식을 버리고 일본천황에 대한 충성을 서약하는 의식이라고 해설하였다. '궁성요배'는 수만 리 떨어진 조선에서 일본천황이 있는 도쿄 쪽을 향해 거의 매일 큰절을 시키는 우스꽝스러운 의식이었기에, 조선사람들에게는 매우 굴욕적이었으며 상당한 정신적 고통을 주었다.

제13장
신사참배 강제와 한국민족종교 및 기독교 탄압

1. 신사참배 강제

일제는 한국민족의식 말살과 일제 신민臣民의식 주입을 위해 한국인들에게 '신사참배'를 강제하였다.

신사神社란 일본 민족종교인 신도神道가 숭배하는 신神을 모셔 제사지내는 건축 구조물이었다. 일본 '신도'는 일본민족이 '아마테라스 오미가미天照大神'의 자손이며, 일본천황은 그 신손神孫으로서 살아 있는 현인신現人神이라고 믿는 일본천황 숭배 종교였다. 한국 개항 후 일본인 거류민 신도들은 거류지에 신사들을 몇 개 만든 적이 있었고, 일제강점 후에는 총독부가 1917년 3월 "신사에 관한 건"을 제정 공포하여 "신사神社가 아니면서 공중이 참배할 수 있도록 신지神祇를 봉사奉祀하는 곳을 신사神祠"라고 하고 신사神社와 신사神祠(일종의 간이 신사)의 설치를 장려, 후원하였

〈그림 29〉 일제가 서울 남산에 세운 조선신궁

다. 총독부는 1925년 '아마테라스 오미가미'와 '메이지천황'을 제신祭神으로 하는 조선신궁朝鮮神宮을 서울 남산에 건축하였다. 그리하여 신궁神宮–신사神社–신사神祠의 위계조직으로, 한국 전국에 일본 신도의 일종의 사원에 해당하는 신사를 지어나갔다. 그러나 한국인은 이를 외면하였다. 신사참배는 전적으로 일본 거류민들의 행사에 불과하였다.

그러나 일제는 1931년 중·일전쟁 도발 무렵부터는 각급 학교에서 한국인 학생들에게 신사참배를 강요하기 시작하였다. 이어서 1936년 8월 부임한 일제총독 미나미 지로는 '1읍면邑面 1신사神社주의'를 채택한다고 선언하고, 한국 2,346개의 모든 읍면에 1개씩의 신사 설치를 적극 강행함과 동시에 '국민정신총동원'을 위해 필요하다고 하면서 모든 한국인들의 '신사참배'를 강제하였다.[1]

〈그림 30〉 강요에 의해 신사참배를 하는 한국인들

일제는 1936년에는 '경성신사' '용두산신사'(부산) 등 57개 신사를 설치했으며, 1938년에는 '내선일체'를 현창한 고대의 천황이라 하여 '응신應神' '제명齊明' '천지天智' 천황들과 '신공황후'의 신령을 제사한다는 '부여신궁扶餘神宮'을 만들었다.[2] 그리하여 일제는 1945년 6월 말까지 1,141개의 신사를 전국 각지 부·읍·면의 가장 위치 좋은 곳에 건립하였다.

일제는 1937년부터는 학교 학생들뿐 아니라 회사·기업·단체 등의 모든 한국인들에게 집단적으로 신사참배를 강제했으며, 심지어 다른 종교의 신을 '우상숭배'라고 하여 신앙하지 않는 기독교 '교회'에 대해서도 신사참배를 강제하였다.[3] 일반인들에게는

1) 韓晳曦, 「戰時下朝鮮の神社參拜强要とキリスト教の抵抗」, 『朝鮮史叢』 제5·6합병호, 靑丘文庫, 1982 참조.

2) 孫禎睦, 「日帝下 扶餘神宮 運營과 소위 扶餘神都 建設」, 『韓國學報』 제49집, 1987 참조.

〈표 10〉 조선에 세운 신궁·신사神社·신사神祠(1945년 6월 말)

도	부·읍·면 수	神社·神祠 총수	관폐사	국폐사	도공진사	부공진사	읍공진사	기타神社	神祠
경기도	234	162	1	1	1	1	1	2	155
강원도	174	46		1				3	42
충청북도	106	74			1		1	1	71
충청남도	173	39	1		1		4	3	30
전라북도	177	34		1		1	3	6	23
전라남도	254	255		1		1	1	7	245
경상북도	252	68		1	2			3	62
경상남도	242	47		1	1		2	2	41
황해도	211	185			1	1		1	182
평안남도	141	34		1				1	32
평안북도	172	139			1	1		3	134
함경남도	132	26		1		1		4	20
함경북도	78	32			1	1	2	3	25
총계	2,346	1,141	2	8	9	7	14	39	1,062

자료: 竹島榮雄의 소장자료 및 『신사본청 10년사』(1941. 7)에서 작성.
韓晳曦,「戰時下朝鮮の神社參拜强要とキリスト教の抵抗」.

'애국반'을 조직하여 집단적 신사참배를 강제하였다. 일제는 매달 6일을 '애국일'이라고 하여 반드시 전 한국인이 의무적으로 집단적 신사참배를 하도록 강제했으며, 그 밖에도 집단행사 때마다 신사참배를 강제하여 고통을 주었다.[4]

---

3) 山口公一,「戰時期朝鮮總督府の神社政策」,『朝鮮史硏究會論文集』 제36집, 1998 참조.
4) 朴慶植,『日本帝國主義의 朝鮮支配』, pp. 374~409 참조.

2. '가미다나'의 강제 설치와 예배 강제

일제는 태평양전쟁을 도발한 후에는 '아마테라스 오미가미' 등 일본신의 이름을 쓴 종이를 넣어놓은 나무상자인 '가미다나神棚'라는 것을 각 가정에 강제 판매 보급하여 이것을 집 안의 높은 곳에 모셔놓고 아침마다 참배 기원하도록 강제하였다.

전쟁에서 부족한 힘을 일본 조상신의 신력神力의 도움을 받아 승리하겠다는 것이었다. 그 참배 방식은 일본 신도의 참배 방식대로 두 손바닥을 딱딱 소리 나게 마주치면서 일본의 승리를 기원하는 것이었다. 또한 아마테라스 오미가미의 부적이라고 하면서 '오후다大麻'라는 미신 부적을 높은 가격으로 강매하여 가난한 조선인들에게 고통을 더욱 가중시켰다.

〈그림 31〉 일본 시조신을 모신 가미다나

일제총독부는 일본의 패색이 나타난 1943년부터는 일제 경찰의 밀정을 '애국반'별로 배치하여 조선인들이 매일 아침 '가미다나' 참배 기원을 하는지 여부를 정탐하여 보고하게 하였다. 그리고 '가미다나' 참배의 성적을 가호별로 보고하여 통제경제하 전시물자 배급 등에 반영하도록 하였다.

이러한 '가미다나' 참배의 미신행위도 한국인들에게 많은 고통을 주었다.

3. 기독교도에 대한 '신사참배' 강제

일제의 기독교도에 대한 '신사참배' 강제는 전국 50만 기독교인들에게 참으로 큰 고통을 주었다. 왜냐하면 기독교는 신교·구교 모두 여호와를 유일신, 예수를 유일신의 독생자로 신앙하면서 다른 신을 믿는 것은 '우상숭배'라 하여 교리로서 엄격히 금지하고 있었기 때문이다. 만일 교회와 기독교인이 신사참배를 하면 바로 '우상숭배'의 죄를 범하는 것이었다.

1) 기독교 학교에 대한 '신사참배' 강제

일제의 기독교도에 대한 신사참배 강제는 기독교학교에 대해서 가장 먼저 시작되었다. 일제는 1932년 9월 평양에서 만주사변(1931. 9. 18)의 일본군 전몰장병 위령제를 거행하면서 국내 각 학교에 '신사참배'를 요구했는데, 평양의 기독교학교들은 이를 거부하였다. 이에 1932년부터 각급 학교 학생들의 집단적 신사참배가 가혹하게 강제되었다. 일제는 만주의 한국인 기독교 신도

에게도 신사참배를 강요하였다.[5)]

기독교 가운데서 천주교는 1932년 5월 26일자로 로마 교황청으로부터 일본에 대해 '신사神社'는 국가의식으로 충성과 애국심의 표명이므로 참배해도 좋다는 통첩이 내려졌으며, 조선에도 1936년 5월 25일자로 같은 내용의 통첩이 발송되었으므로 신사참배에 참가하였다.[6)]

기독교 신교 가운데서 감리교도 "신사는 종교가 아니고 국가 의무이므로 참배해도 좋다"는 전달이 왔으므로 신사참배에 참가하였다.

그러나 장로교파와 안식교파는 "신사는 '신도神道'의 종교의식이므로 신사참배는 '우상숭배'이다"라는 원칙을 지켰기 때문에 일제의 '신사참배' 정책에 불응하게 되었다.[7)]

일제는 '신사참배' 불응 학교에 대해서는 '폐교'의 극단적 탄압책을 시행하겠다고 협박하였다. 1936년 1월 안식교 계통인 평남 순안 의명義明중학교는 이에 굴복하여 신사참배에 응하였다. 그러나 장로교 계통의 학교는 신사참배에 끝까지 불응하였다.

일제는 미나미 지로가 총독으로 취임한 직후 신사참배 불응을 이유로 1936년 8월 14일 평양 '숭실전문학교'(북장로교파)를 폐교시켰다.[8)] 일제는 이어서 1938년 2월까지 북장로교파가 경영하

---

5) 「在滿鮮人の神社不參拜を目的とする宗教團體に關する件」, 『思想彙報』 제24호, 1940년 9월, pp. 108~11 참조.

6) 尹善子, 「日本 軍國主義 宗教政策과 朝鮮 天主教會의 神社參拜」, 『韓國史研究』 제98집, 1997 참조.

7) 韓晳曦, 『日本の朝鮮支配と宗教政策』, 未來社, 1988, pp. 156~231 참조.

는 1개 고등보통학교와 9개 보통학교의 폐교를 결정하였다.[9] '신사참배' 불응을 이유로 한 이러한 폐교 강행은 다른 곳에서 볼 수 없는 야만적 탄압이었다.

일제는 또한 '신사참배'를 구실로 사립학교의 경영권을 강탈하였다.[10] 예컨대 1933년 9월 사립 모곡牟谷학교 교장 남궁억을 조선민족사상을 고취한다고 체포하고 학교 자체를 강탈하여 공립학교로 만들었다. 1942년 9월에는 연희전문학교 교장 윤치호를 사임시키고 후임으로 일본인을 임명하였다.[11] 1942년 오산학교의 경우에도 교장을 강제로 일본인으로 교체시켰고, 원산의 루시여자고등보통학교 역시 일본인이 강탈해갔다.[12]

일제는 장로교 계통의 '신사참배'에 대한 완강한 저항이 다른 기독교단체와 교회에 막강한 영향을 준다고 보고 이에 대한 탄압을 강행하였다.

2) 기독교단체에 대한 탄압

일제의 기독교단체에 대한 탄압으로 자행된 대표적 사건이 '수

---

8) 김승태, 「1930년대 일제의 기독교계 학교에 대한 신사참배 강요와 폐교전말」, 『한국근현대사연구』 제14집, 2000.

9) 朝鮮總督府, 『最近朝鮮の治安狀況』, 1939, p. 389 참조.

10) 韓晳曦, 「戰時下朝鮮の神社參拜强要とキリスト教の抵抗」 참조.

11) 연세창립80주년기념사업위원회, 『연세대학교사』, 연세대학교출판부, 1969, p. 432 참조.

12) 孫仁銖, 『韓國近代教育史』, 1971, pp. 259~60.

〈그림 32〉 지방에서의 신사참배 모습(풍기 심상 소학교, 1942)

양동우회 사건'과 '흥업구락부 사건'이었다.

일제는 1937년 6월 기독교도들의 '수양동우회 사건'을 조작하였다. 수양동우회는 일제의 설립 허가를 얻어 인격수양을 목적으로 한 합법적 공개단체였다. 그럼에도 불구하고, 일제는 흥사단 계통의 단체라 하여 '치안유지법' 위반으로 150명을 체포하고 이 중에서 이광수李光洙, 조병옥趙炳玉, 주요한朱耀翰, 이대위李大爲, 장이욱張利郁, 최능진崔能鎭, 정인과鄭仁果, 김동원金東元, 김윤경金允經, 김성업金性業, 이용설李容卨 등 42명을 송치하였다. 이 사건으로 한국 전체에 20만 신도를 갖고 있던 북장로교파 기독교는 심대한 타격을 입었다.[13] 재판 결과 이 42명은 일제정책에 저항하지 않겠다는 약속을 하고 1941년 모두 무죄로 석방되었고, 이 가운데 상당수는 그 후 친일파로 변절하였다. '수양동우회 사건'은 일제가 정치적 목적으로 일으킨 탄압 사건이었던 것이다.[14]

일제는 이어서 1938년 2월 '흥업구락부 사건'(일명 적극신앙단 사건, 청구구락부 사건)을 조작하였다. 이것은 YMCA 총무 신흥우申興雨를 비롯해 YMCA 교회와 관계된 기독교인 54명을 '치안유지법' 위반으로 체포한 사건이었다. 일제는 이들도 역시 협조성명서를 발표하게 하고, 그동안 모아놓은 구락부 기금 2,400원을 일제 국방헌금으로 받은 후 석방시켰다. 이 사건으로 체포되었던 54명의 인사들도 그 후 상당수가 친일파로 변절하였다. '흥업구락부 사건'도 감리교파와 YMCA를 탄압하기 위한 정치적 목적의 조작 사건이었다.

3) 기독교 교회에 대한 강제와 탄압

일제는 1938년부터 교회의 '신사참배'를 강제하였다. 이에 불응하는 경우 총독 미나미 지로는 "황국신민의 근본정신에 배치되는 종교는 조선 내에서는 절대로 그 존립을 허락할 수 없다"[15]고 지시하였다.

일제의 교회 폐쇄 위협에 1938년 9월 3일 감리교파는 총리사 양주삼梁柱三의 이름으로 '신사참배'에 참가하도록 통첩을 돌렸

13) 朝鮮總督府,『最近朝鮮の治安狀況』, pp. 372~73 참조.
14) 조배원,「수양동우회 연구」,『도산사상연구』제6집, 2000 참조.
15) 朝鮮總督府 官方文書課,『諭告, 訓示, 演述 總攬』, 1941, p. 707.

다. 장로교회도 교회별로 붕괴되기 시작하였다. 1938년 2월 가장 교세가 강력했던 평북노회가 굴복하여 신사참배를 결의하였다.[16] 1938년 9월 9일 평양에서 개최된 제27회 조선예수교장로회 총회에서는 '수양동우회 사건' 때 석방된 인사들과 이승길李承吉, 김일선金一善 등이 가세하여 장로교회도 총회 대표들에 대해 개별적으로 '신사참배'에 찬성하도록 설득하였다. 그 결과 총회 대표 홍택기洪澤麒의 이름으로 '신사참배'를 결의하는 '성명서'를 발표하고 '평양신사'를 참배하였다.[17]

그러나 일제의 기독교 탄압은 여기서 끝나지 않았다. 1943년에는 성결교회, 안식교회, 침례교회를 해산시켰으며, 1945년에는 전체 각파 교회들을 모두 통합하여 '일본기독교 조선교단'으로 개편하였다. 뿐만 아니라 '신사참배'에 반대하다가 체포되어 전향한 남기종南基宗, 박규호朴圭浩 등으로 하여금 '기독교 황도선양연맹'을 결성케 하여 친일매국과 침략전쟁 찬양에 앞장서게 하였다. 3·1독립선언서의 서명인이었던 박희도, 정춘수鄭春洙, 수양동우회의 정인과 등도 기독교 친일파로 돌아섰다.

4) 일제의 기독교도 학살계획

그러나 일제는 조선 기독교도들을 결코 신뢰하지 않았다. 일제

16) 朝鮮總督府, 『最近朝鮮の治安狀況』, pp. 390~91 참조.
17) 金承台, 『韓國基督敎의 歷史的 反省』, 다산글방, 1994 참조.

는 1945년에 들어서 패전이 예견되자 미국군 또는 연합군이 한반도에 상륙하는 경우 맨 먼저 연합군에 협력할 세력이 기독교도들이라고 보고 기독교도 학살계획을 수립하였다. 블레어William N. Blair는 일제가 "1945년 8월 중순경에 조선인 기독교도를 모조리 살해할 것을 계획하고 있었다"[18]고 기록하였다. 모페트Samuel H. Moffett는 "기독교도 처형일이 1945년 8월 18일로 예정되어 있었다"고 기록하였다.[19]

그러나 당시 그들이 읽은 총독부 자료의 압수 부분이 아직 발견되지 않아서 그 정확한 규모와 상세한 계획을 지금은 알 수 없고, 앞으로의 연구과제로 남아 있다.

5) 한국 기독교도의 '신사참배'에 대한 저항

한국 기독교도의 '신사참배' 거부는 1932년 기독교 세력이 강했던 평안남북도 학교에서 시작되었다. 1935년 11월 평안남도 지사가 '평양신사참배'를 명령하자, 숭실학교·숭의여학교, 순안의 의명학교는 이를 거부하였다. 일제는 1936년 1월 숭실학교 교장 맥큔과 숭의여학교 교장 스누크를 교장에서 해임하고, 1936년 8월에는 숭실전문학교를 폐교하였다. 일제의 이러한 가혹한

---

18) William Newton Blair, *Gold in Korea*, H. M. Ives & Sons, 1946, p. 5; 韓晳曦, 「戰時下朝鮮の神社參拜强要とキリスト教の抵抗」 참조.

19) Samuel Hugh Moffet, *The Christians of Korea*, Friendship Press, 1962, p. 76; 韓晳曦, 「戰時下朝鮮の神社參拜强要とキリスト教の抵抗」 참조.

압력에 의명학교는 굴복했으나 숭실학교와 숭의여학교는 저항하였다.[20]

일제가 교회에도 '신사참배'를 강제하여 1938년 2월 평북노회가 이에 굴복하자 이에 분개한 '평양신학교' 학생들이 단결하여 신사참배 반대운동을 전개하였다. 일제는 배후조종 혐의로 박형룡朴亨龍 교수를 체포하였다.

평안남도에서는 목사 주기철朱基徹이 산정현교회를 중심으로 반대운동을 전개하였다. 주기철은 전후 4차례나 체포 투옥되었다. 평안북도에서는 이기선李基宣이 중심이 되어 1939년부터 신사참배 반대와 교회에 나가지 않고 신사 불참배하기의 신교회 운동을 전개하였다. 이 운동은 평안도·경상도·만주의 일부 신도들 사이에서 호응을 얻어 확산되었다.[21]

경상남도에서는 한상동韓尙東이 중심이 되어 1938년부터 신사참배 반대운동을 전개하였다. 그는 경상남도를 5개 지역으로 구분하여 다양한 신사참배 반대운동을 전개하였다.

1940년에는 평양의 채정민蔡廷敏의 집에서 제3차 투옥에서 석방된 주기철을 중심으로 한상동·이기선 등 20여 명이 모여 '신사불참배운동자연합회'를 결성하고, 신사참배를 의결한 현 노회의 해체, 신사 불참배 노회의 재건, 동지 획득에의 전력 경주, 연합

---

20) 김수태, 「1930년대 평양교구의 신사참배 거부운동」, 『한국민족운동사연구』 제38집, 2004 참조.

21) 윤정란, 「일제의 '황국신민화' 정책에 대한 한국 기독교 여성들의 대응논리」, 『한국민족운동사연구』 제17집, 1997.

회의 전국총회로의 발전을 추진키로 결의하였다.[22)]

그러나 일제는 1940년 6월 신사참배 반대운동자들을 일제히 체포하여 투옥하였다. 주기철도 1940년 8월에 검거 투옥되어 1944년 4월에 옥사하였다.

일제의 대탄압 이후에는 다수의 기독교도들이 신사참배 교회에 나가지 않고 개별적으로 각종 형태의 개인적 저항활동을 전개하였다.

4. 일제의 대종교 탄압

1) 단군교의 대종교로의 개명과 만주에서의 활동

일제는 한국인들에게 '신사참배'를 강제하는 한편 한국인의 민족종교인 '대종교大倧敎'와 '천도교天道敎'에 대해 가혹한 탄압을 자행하였다. 한국인의 민족의식을 말살하기 위해서는 한국인의 민족종교를 말살해야 한다고 본 것이었다.

대종교는 구한말 1905년 일제에 국권을 빼앗기자 일찍이 한국민족의 국권회복을 위한 사상의 하나로 급격히 부활한 단군숭배 사상을 종교화하여 1909년 1월 15일 '단군교'라는 이름으로 창립되었던 것을 모태로 한다. 단군교는 단군을 국조로 모시고 그의

22) 韓晳曦,「戰時下朝鮮の神社參拜强要とキリスト教の抵抗」 참조.

가르침을 숭배하는 단군사상이 민족적 위기에 당하여 종교로 응결된 것이라고 볼 수 있다.

일제가 대한제국을 완전 식민지로 강점해오자 단군교는 일제의 탄압을 피해보려고 1910년 7월 30일 '단군'이라는 이름을 교명에서 빼고 '대종교'로 이름을 바꾸었다.[23] 이어서 대종교는 1914년 5월 13일 총본사를 만주의 북간도 청파호로 옮기고 서울에는 남도 본사를 두었다. 일제의 탄압으로 대종교 전체가 와해되는 것을 방지하기 위함이었다.

일제는 1915년 10월 1일 조선총독부령 제85호로 대종교를 불법화하여 해체를 명령하였다. 이에 대종교의 활동이 일제의 통치권이 미치지 않는 만주에서는 가능하지만 한반도 안에서는 불가능하게 되었다. 대종교 제1세 교주 나철이 급거 귀국하여 일제의 명령을 철회시키려고 노력했지만 아무 효과가 없었다. 나철은 이에 항의하여 구월산 삼성사에서 1916년 8월 15일(음력) '순명3조'를 남기고 자결하였다.[24] 제2세 교주로는 나철의 유촉에 따라 김교헌이 취임하였다.

대종교는 1919년 국내에서 3·1운동이 일어나자 만주에서도 3·1운동을 일으키고자 적극적으로 활동하였다. 1919년 3월 18일 화룡현 삼도구에서, 3월 24일 장백현 십육도구에서, 3월 26일 백초구에서 대규모 독립만세 시위를 전개한 것을 비롯하여 대종

23) 대종교종경종사편수위원회, 『大倧敎重光六十年史』, 대종교총본사, 1971, pp. 156~57 참조.

24) 김교헌, 『弘巖神兄朝天記』, 대종교출판사, 2002, pp. 46~65 참조.

교 교도들이 거주하는 만주 도처에서 독립만세 시위운동이 전개되었다.[25)]

대종교의 독립운동단체인 중광단重光團은 1919년 4월 무장투쟁을 위한 단체로서 대한정의단大韓正義團으로 확대 개편되어 독립군 병사가 될 결사대원을 모집하였다. 대한정의단은 1919년 8월 김좌진金佐鎭을 초빙하여 군사지휘권을 맡긴 다음 1919년 10월 대한군정부大韓軍政府로 개편하고 상해임시정부에 그 산하 독립군 군사기관으로서의 공인을 신청하였다. 임시정부는 1919년 12월 '국무원 제205호'로서 명칭을 대한군정서大韓軍政署로 변경할 것을 조건부로 하여 이를 승낙하였다. 대한군정서는 별칭으로 '북로군정서北路軍政署'라고 불렸으며, 이 명칭이 더 널리 알려지게 되었다. 이에 대종교의 독립군 부대인 북로군정서가 탄생하게 되었다.[26)]

북로군정서는 전투 병력만도 약 1,100명으로서 당시 만주와 러시아에서 편성되었던 30여 개 독립군 단체 중에서 가장 규모가 크고 잘 훈련된 최정예 독립군이었다. 또한 북로군정서는 대종교의 재정 지원으로 소총뿐만 아니라 기관총과 박격포까지 갖춘 가장 잘 무장된 최강의 독립군이었다. 일본군이 1920년 10월 5개 사단에서 차출한 약 2만 5천 명의 병력을 동원해서 독립군 토벌

25) 愼鏞廈, 「韓末 · 日帝時期의 檀君思想과 獨立運動」, 윤이흠 외, 『檀君 그 이해와 자료』, 서울대학교출판부, 1994; 신용하, 『한국 근대의 민족운동과 사회운동』, 문학과지성사, 2001 참조.

26) 「大韓軍政署略史」, 『獨立新聞』, 1920년 4월 22일자 참조.

을 위해 간도 침입작전을 자행했을 때, 북로군정서 독립군은 일본군 동東지대(약 5천 명)를 삼도구 청산리에서 공격한 일명 청산리독립전쟁에서 크게 승리하였다. 북로군정서 독립군이 승전할 수 있었던 배경에는 대종교의 강력한 지원활동이 있었다.

일제는 한국민족독립운동을 근본적으로 탄압하기 위해 1925년 6월 만주 군벌과 소위 삼시三矢협정을 체결했으며, 만주 군벌은 일제의 조종을 받고 이를 적용하여 1926년 12월 '대종교포교금지령'을 발포하였다. 그러자 대종교에서는 박찬익朴贊翊이 중국 중앙정부와 교섭하여 1929년 마침내 해금령을 얻어냈다. 그러나 1931년 일제의 9·18 만주 침략과 뒤이은 괴뢰 만주국의 수립으로 만주가 중국 통치권으로부터 분리되었기 때문에 해금령은 효과를 보지 못하였다.

대종교 제3세 교주 윤세복尹世復은 합법적 포교를 위해 만주국과 교섭한 결과 1934년 3월 타협이 성립되어 만주에서의 합법적 포교를 재개하였다. 대종교는 이후 대종교 서적 7종 1만 4,500부를 간행하였고 『교보敎報』 발행을 재개하였다. 또한 단군전을 발해 옛 수도 동경성東京城에 건립하기 위한 계획을 세우고 그 비용을 준비하였다. 또한 동경성 부근에 발해농장을 건설하여 국내에서 토지를 잃고 만주로 유랑해 오는 한국인 농민들에게 경작시켜 자작농을 창설하는 사업을 시작하였다.[27)]

---

27) 대종교종경종사편수위원회, 『大倧敎重光六十年史』, pp. 448~56 참조.

2) 일제의 대종교 박해와 탄압

대종교가 만주에서 포교를 재개하여 점차 세력을 공고히 해나가는 추세를 보이자 일제는 이에 대한 탄압책을 획책하였다. 일제 경찰은 밀정을 파견하여 대종교의 조직과 동태를 정밀하게 파악한 다음 국내에서 '조선어학회 사건'을 조작하여 민족어문학자들을 체포 투옥함과 때를 같이해서 대종교 간부들도 체포 투옥하고자 하였다. 당시 조선어학회 간부이며 대종교 교도였던 이극로가 대종교총본사의 요청을 받고 단군전檀君殿 건립과 대종교 포교에 사용할 「널리 펴는 말」을 지어 보냈는데, 일제는 이 글 속에 "일어나라" "움직이라"는 글귀가 "독립을 위하여 봉기하라"는 뜻이라고 주장하면서 대종교 간부 구속의 구실로 삼았다. 이 「널리 펴는 말」은 대종교의 단군사상을 이해하기 위해서도 중요한 문헌이다. 그 일부를 인용하면 다음과 같다.

> 널리 펴는 말
>
> 〔……〕 동방에는 밝은 빛이 비치었다. 이는 곧 대종교가 다시 밝아진 것이다. 한동안 밤이 되어 지나던 대종교가 먼동이 튼 지도 30여 년이 되었다. 아침 햇빛이 땅 위를 비치어 어둠을 물리치는 것과 같이 대종교의 큰 빛이 캄캄한 우리의 앞길을 비치어준다.
>
> 어리석은 뭇사람은 제가 행하고도 모르며 또 모르고도 행한다. 직접으로는 만주 대륙과 조선 반도를 중심하여 여러 천만 사람이 대종교의 신앙을 저도 모르는 가운데 아니 믿는 사람이 없고, 간접

으로는 이웃 겨레들도 이 종교의 덕화를 받지 아니한 이가 없다.

삼신이 점지하시므로 아이가 나며, 삼신이 도우시므로 아이가 자란다고 믿고 비는 일이 조선의 풍속으로 어디나 같다.

이 삼신은 곧 한임·한웅·한검이시다. 황해도 구월산에는 삼성사가 있고, 평양에는 숭령전이 있고, 강화도 마니산에는 제천단이 있다. 발해 시대에는 태백산에 보본단을 쌓고 해마다 제사를 지내었다.

이와 같이 삼신을 믿고 받들어 섬기는 마음은 여러 천년 동안 깊이 굳어졌다. 시대와 곳을 따라 종교의 이름은 바뀌었으나, 한얼님을 섬기고 근본을 갚아 사람의 도리를 지키는 교리만은 다름이 없고 변함이 없다. [……]

그런데 이제는 때가 왔다. 우리는 모든 힘을 발휘하여 대교 만년 대계를 세우고 나아가야 된다.

이 어찌 우연이랴! 오는 복을 받아들이지 아니하는 것도 큰 죄가 되는 것을 깊이 깨달아야 된다. 만나기 어려운 광명의 세계는 왔다. 반석 위에 천전과 교당을 짓자! 기름진 만주 벌판에 대종학원을 세워서 억센 일꾼을 길러내자!

우리에게는 오직 희망과 광명이 있을 뿐이다.

일어나라! 움직이라!

한배검이 도우신다.

개천 4399년 9월 5일[28]

---

28) 『나라사랑』 제19집, 외솔회, 1975, pp. 62~63.

위의 「널리 펴는 말」은 문제될 것이 없었으나, 일제는 대종교가 조선어학회의 불령선인과 연락해가면서 독립운동을 기도한다고 하여 이 문건을 증거자료로 삼아서, 1942년 11월 만주와 국내에서 대종교 교주 윤세복 등 간부 25명을 검거, 구속하였다.[29)]

일제는 25명 중에서 교주 윤세복에게는 무기징역, 김영숙金永肅에게는 15년 형, 윤정현尹珽鉉·이용태李容兌·최관崔冠에게는 8년 형, 이현익李顯翼에게는 7년 형, 이재유李在囿에게는 5년 형을 언도하였다. 한편, 오근태吳根泰·안희제安熙濟·강철구姜銕求·김서종金書鍾·이창언李昌彦·이재유·나정련羅正鍊·나정문羅正紋·이정李楨·권상익權相益 등 10명은 일제의 가혹한 고문에 못 이겨 검거된 다음해인 1943년 5월부터 1944년 1월 사이에 옥중에서 사망했거나 고문으로 병원에서 사망하였다. 이들이 대종교에서 '순교십현殉敎十賢'이라고 부르는 순교자들이다.

일제가 대종교 관계자로 검거한 25명 중 10명이 일제의 잔혹무비한 고문으로 조사 과정에서 고문치사당했으니, 일제의 고문이 얼마나 극악했던가를 미루어 알 수 있다.

대종교 간부들 중에서 투옥된 윤세복·김영숙·윤정현·이용태·최관·이현익 등은 복역 중에 1945년 8·15광복 민족해방을 맞이하여 출옥하였다.

29) 대종교총본사, 『壬午十賢殉敎實錄』, 1971.

〈표 11〉 임오교변 때 피검된 대종교 간부들의 형량

	성명	피검일자	형량
1	윤세복	1942. 11. 19	무기징역
2	김영숙	1942. 11. 19	징역 15년
3	윤정현	1942. 11. 19	징역 8년
4	이용태	1942. 11. 19	징역 8년
5	최관	1942. 11. 19	징역 8년
6	이현익	1943. 4. 3	징역 7년
7	이재유	1942. 11. 19	징역 5년, 옥사
8	권상익	1942. 11. 19	옥사
9	이정	1942. 11. 19	옥사
10	안희제	1942. 11. 19	옥사
11	나정련	1942. 11. 19	옥사
12	김서종	1942. 11. 19	옥사
13	강철구	1942. 11. 19	옥사
14	오근태	1942. 11. 19	옥사
15	나정문	1942. 11. 19	옥사
16	이창언	1942. 11. 19	옥사

5. 일제의 천도교 탄압

1) 일제의 천도교 분열정책

일제는 한국인의 국내 민족종교 가운데서는 3·1운동을 주도한 '천도교'를 가장 두려워하여 '밀정'을 침투시켜서 철저히 감시하고, 내부 헤게모니 경쟁만 있으면 이를 선동 지원하여 사분오열로 분열되게 하였다.

천도교가 3·1운동으로 야기된 재정난 타개책으로서 간부직 인원 정리와 '교헌敎憲 개정' 문제를 두고 내부 갈등을 보이자, 1920년 일제는 배후에서 적극 개입하고 공작하여 결국 천도교를 신파新派와 구파舊派로 양분시키는 데 성공하였다. 그리하여 일제 비밀 보고에 의하면 결국 1930년경에 천도교는 4파로 분열되었다.

제1파는 신파 천도교로서 최린崔麟, 정광조鄭廣朝, 최석련崔碩連이 최고 간부로 주도하는 교파로서 전체 천도교도의 약 90퍼센트를 포용하였다. 일제는 최린과 밀착하여 그를 지원한 결과 최린파는 한국의 완전 독립은 현실성이 없다고 단념하고 자치운동과 문화운동 및 사회개량운동으로 노선을 바꾸었다. 강대한 세력을 가진 신파는 천도교청년회天道敎青年會, 천도교청우당天道敎青友黨으로 개칭하면서 활발한 청년운동을 전개하였다.

제2파는 구파 천도교로서 권동진權東鎭, 최준모崔俊模, 이종린李鍾麟 등이 최고 간부로 주도하였다. 이들은 완전 독립을 이상으로 했으나 일제의 공작으로 세력이 크게 약화되었다. 1926년에 박래홍朴來弘이 6·10만세운동을 연합 추진했고, 1927년에는 권동진·박래홍이 신간회 창립과 운동에 참가하는 등 고독한 투쟁을 계속하였다.

제3파는 천도교연합회天道敎聯合會파로서, 오지영吳知泳, 최동희崔東曦(국외) 등이 최고 간부로 주도하였다. 이들은 진보파로 국내의 형평사 운동을 성원하고 국외 정의부正義府의 고려혁명당高麗革

命黨과 연계하면서 이상적 독립국가의 회복을 추구했으나, 세력은 소수였다.

제4파는 육임파六任派로서, 최제우·최시형 시대로의 복귀를 주장하는 복구파였으며, 오영창吳榮昌이 주도하였다. 이들은 황해도 일대에서만 약간의 교도 세력을 갖고 있었다.

일제는 각 파의 갈등을 배후에서 더욱 끊임없이 선동하면서 분열을 격화시키는 공작을 전개하였다. 최린의 신파는 일제와 내통하여 독립운동을 포기했으므로 일제는 이를 지원해주고, 구파 이하는 온갖 방법으로 탄압·분열시켰다.

일제는 구파 천도교를 탄압·분열시키는 방법으로 동학東學계열 유사종교 종파의 발흥을 고취하고 공작하였다. 그 결과 1920~40년 사이에 동학 계열 유사종교로서 이전의 시천교侍天敎뿐만 아니라 제우교濟愚敎·청림교靑林敎(일명 흠치교)·경천교敬天敎·제세교濟世敎·보천교普天敎·태을교太乙敎·선도교仙道敎 등 온갖 명칭의 유사종교 출현을 승인해주고 고취하였다. 천도교 구파의 충원이 민중 수준에서 차단되도록 하기 위해서였다. 그리하여 1920~40년 사이 일제강점기 한국에서 유사종교의 융성 시대가 펼쳐지는 기이한 현상이 나타나게 되었다.

일제의 분열정책으로 천도교는 크게 약화되었으나, 청년교도들 사이에서는 여전히 '조선독립' '대한독립'을 모색하는 흐름이 도도히 이어지고 있었다.

2) '오심당 사건'에 의한 탄압

천도교 신파 계통인 천도교청년회의 중앙간부 일부는 1923년 '조선의 절대독립'을 목표로 하는 비밀조직으로 '불불당不不黨'을 결성했다가 1929년에 이름을 '오심당吾心黨'이라고 개칭하였다. 이것은 청년회 내의 핵심 비밀조직으로서 1군에 10년 이상의 천도교 신도 경력을 가진 교도 가운데 2~3명씩만 간부 추천을 받아 조직한 비밀결사였다.

일제는 1934년 '오심당' 조직을 찾아내어 서울·평양·강동·중화·성천·순천·강서·안주·맹산·진남포·선천·의주·정주·구성·영변·은산·곡산·경기도 지방에서 무려 230명의 당원을 동시에 체포하였다.[30)]

일제는 3개월간 이들을 조사한 후 김기전金起田·조기간趙基栞·박래홍朴來弘·박사직朴思稷·김이국金履國·백세명白世明 등 71명을 불구속 기소하였다. 체포 당시와는 달리 이들을 비교적 가볍게 다룬 것은 그 직전에 최린이 중추원 의원에 들어가 친일파가 됨으로써 천도교 신파 전체에 상당한 영향을 끼치기 시작한 시점이었으므로 천도교 신파를 포섭하기 위한 회유책으로 볼 수 있다.[31)]

'오심당 사건' 이후 천도교 신파는 공식적으로는 일제에 저항하지 못하였다.

30) 申一澈, 「天道敎의 民族運動」, 『韓國思想』 제21집, 韓國思想硏究會, 1983.

31) 조규태, 「천도교청년동맹의 조직과 활동」, 『忠北史學』 제9집, 1997; 鄭用書, 「日帝下 天道敎靑友黨의 運動路線과 政治思想」, 『韓國史硏究』 제105집, 1999.

3) '멸왜기도 사건'에 의한 탄압

일제는 천도교 구파에 대해서는 1936년 '멸왜滅倭기도 사건'을 구실로 잡아 탄압하였다.

박인호朴寅浩는 1936년 8월 천도교 구파 지방 대표들이 서울에 모였을 때, 최제우·최시형 스승님들 시대 '안심가安心歌'에 있는 "개 같은 왜적놈을 한울님께 조화받아 일야간에 소멸하고"라 하여 심고(기도)를 드린 전통에 따라, 독실한 교인들에게는 '안심가'의 이 구절을 기도하도록 밀령하였다.[32]

이 지시에 따라 충청도는 최준모崔俊模, 경기도는 한순회韓順會, 전라도는 김재계金在桂, 황해도는 홍순의洪順義 등이 분담하여 이를 전달, 지시하였다.

일제는 1938년 2월 이를 탐지하여 '멸왜기도'의 지령을 전달받고 실행한 4개도의 교도들을 중앙의 최준모·한순회·김재계·홍순의·김경함 등과 함께 모두 체포하였다.[33] 일제는 조사 과정에서 가혹한 고문을 가하여 김재계를 비롯해 논산의 손필규孫弼奎, 해남의 이강우李强雨 3인이 고문치사당하였다.

일제는 여기서 그치지 않고 태평양전쟁을 일으킨 직후인 1943년에는 천도교를 불법화하고, 천도교 본부 교회는 일본군이 접수하여 군복을 만드는 군수공장으로 만들었으며, 각 지방 천도교의

32) 천도교중앙총부, 『天道教要義』, 천도교중앙출판부, 1986, pp. 204~206 참조.
33) 『東亞日報』, 1938년 5월 1일자 참조.

건물 다수를 몰수하였다. 일제는 천도교에 대해서는 파를 가리지 않고 잔혹한 탄압을 가한 것이었다.[34)]

34) 姜渭祚, 『日本統治下朝鮮の宗教と政治』, 聖文舍, 1976, pp. 139~40 참조.

제14장
일제의 '황국신민화'·한국민족말살 교육정책

1. 일제의 '황국신민화' 사상교육 강화와 제3차 조선교육령

1930년대 후반부터 일제의 식민지교육정책은 침략전쟁에 조선청년과 조선민족을 투입, 동원하기 위한 정책으로서 '황국신민화' '내선일체'라는 이름으로 한국민족말살의 식민지교육정책을 더욱 강화했다는 특징이 있었다.

1936년 8월에 제7대 조선총독으로 온 미나미 지로는 그 이전의 '황국신민화 정책'을 계승함과 동시에 특히 '내선일체'를 강조한다고 하면서 3대 교육방침으로서 ① 국체명징國體明徵, ② 내선일체內鮮一體, ③ 인고단련忍苦鍛錬을 내세웠다.

'국체명징'이란 일본천황을 '현인신現人神'으로 하여 만세일계萬世一系의 황통皇統을 절대부동의 중심으로 삼는 국체 개념을 명백

〈그림 33〉 1938년 보통학교의 '황국신민화' 교육 광경

하게 밝혀서 확고하게 교육한다는 것이었다. 즉 조선인에게 '황국신민' 교육을 철저히 하겠다는 것이었다. 나아가 조선에서 '황국신민'의 적인 민족주의와 공산주의를 타파하고 단호히 응징하여 뿌리 뽑겠다고 하였다.

'내선일체'란 일본(內)과 조선(鮮)이 신애협력하여 한몸이 되어서 다 함께 '대일본 제국'이라는 국가에 자기를 헌신 봉사하는 정신을 배양하겠다는 것이었다. 조선에서 '내선일체'의 궁극적 목표는 조선인도 일본 내지인과 마찬가지로 일본 제국에 헌신하는 순국정신을 함양하는 것이라고 하였다.

'인고단련'이란 일본을 맹주로 한 대동아시아 건설의 장기 과정에서 다가올 어떠한 곤고困苦, 간고艱苦에도 목적을 관철할 때까지 그치지 않고 실천하는 일본에 충량忠良하고 유위有爲한 국민을 양성한다는 것이었다. 조선에서는 전쟁에 대비하여 어떠한 어려움도 참고 견디면서 일본 제국에 충성 헌신하는 교육을 실시할 것이라고 하였다.

일제는 이러한 목표에 따라 1938년 3월 3일 '조선교육령'을 개정하여 제3차 조선교육령을 공포하였다. 이어서 1938년 3월 15일에는 각각 '소학교 규정' '중학교 규정' '고등여학교 규정' '사범학교 규정' '실업학교 규정'을 총독부령으로 개정하였다. 제3차 조선교육령에 의한 초·중등학교 주요 교과에 대한 정책 방향의 요점은 다음과 같은 것이었다.[1)]

(1) '한국어'의 교과목을 초·중등학교에서 수의과목으로 전락시키는 동시에 수업시간을 감축시켰다.

(2) '한국사'와 '한국지리' 수업은 제2차 조선교육령 시행기에서와 마찬가지로 초·중등학교에서 완전히 배제하였다.

(3) '일본사' 및 '일본지리'는 소학교에서는 '국사'와 '지리'라는 교과목 이름 아래 고학년에서 교수했고, 중등학교에서는 '역사·지리'라는 교과목 이름 아래 일본사 및 일본지리를 위주로 교수하였다.

(4) '수신' 교과는 제2차 조선교육령 시행기와 마찬가지로 일본문화 및 일본도덕을 중심으로 교수하였다.

---

1) 鄭在哲, 『日帝의 對韓國植民地教育政策史』, pp. 422~23.

(5) '공민과'라는 교과목을 중등교육과정에 신설하여 일본문화 및 일본도덕 교육을 더욱 강화하였다.

'일본사' 교육에는 날조 왜곡한 한국사 일부를 넣어서 한국인 청소년 학생들에게 일본국체의 존엄, 황통의 무궁, 역대 천황의 성덕, 일본국민의 충성, 국운진전 등 '황국신민의식'을 소위 '황국사관皇國史觀'을 통해 주입하고 노예의식을 심으려는 데 궁극적 목적이 있었다. 예컨대 소학교 5·6학년용 '초등국사'의 경우 다음과 같은 식이었다.[2)]

(1) 옛날 조선에는 삼한三韓이라고 불리우는 고려와 백제와 신라가 있었습니다. 신공황후神功皇后의 친정親征으로 모두 황실의 위세에 눌리게 되었습니다(5학년용, 제3과 「세상의 진전」).
(2) 특히 메이지 43년에는 그 무렵에 한韓이라고 불렸던 조선을 병합했기 때문에 이 지방도 한결같이 황실의 은혜를 입어 완전히 일체가 되었습니다(5학년용, 제24과 「국체의 빛남」).
(3) 조선의 정치는 역대 총독이 오로지 일시동인一視同仁의 성지를 넓히는 일에 힘썼기 때문에 불과 30년 사이에 크게 발전했습니다. 〔……〕 특히 육군에서는 육군 지원병제도를 실시하게 되니 조선인들도 국방을 담당하게 되고, 이미 전쟁에 나가 용감하게 전사하여 야스쿠니신사에 봉안되어 호국의 신이 되기

2) 같은 책, pp. 433~35.

도 하고, 일본식 성씨를 칭할 수 있게 허락되어 내지와 동일한 가문의 성씨를 붙일 수 있게 되었습니다. 오늘날 조선 지방 2,300만의 주민은 국민총력연맹을 조직하여 일제히 '황국신민의 서사'를 제창하며 신애협력하고 내선일체의 진심을 나타내어 충군애국의 지기에 불타 모두가 오로지 황국의 목표에 매진하고 있습니다(6학년용, 제25과 「동아의 요체」).

'수신'과 '공민'은 더욱 노골적으로 일본은 '신국神國'이고 '천황'은 '현인신現人神'이며, 일본은 이 국체를 영세토록 유지하며 아시아에 일본의 신질서, 나아가 세계에 일본의 신질서를 만들어야 한다고 역설하였다. 그러면서 조선인은 이 은혜를 입었으니 오로지 일본천황과 황국에 충성을 바치고 전사함을 영예롭게 알아야 한다는 의식을 주입하려 하였다.

일제의 서울·경기 공립중학교의 훈육을 방문 시찰한 대북臺北제국대학 교수는 당시 경기중학교의 '황국신민화' 교육 실태를 다음과 같이 기록하였다.

학교는 항상 황국정신 수련의 도장다운 분위기 속에 있게 하여 매일 아침 '궁성요배' 및 '황국신민의 서사' 제창을 하도록 하고 매일 아침 1회씩 어제御製를 근청謹聽시키며, 강당의 정면에는 궁성의 사진을 봉게奉揭하고, 강당·직원실·무도관·독서관 등에는 '교육에 관한 칙어' 및 청소년 학도에 하사한 칙어를 근사謹寫한 액면額面을 봉케 하며, 교내 여러 곳에 성덕聖德에 관한 연액椽額을 게시하고, 기타의 각 교실에는 '황국신민의 서사'를 게출하여 정시 외에 수시로 단체 또는 개인적으로 신사참배를 시키는 등 일상의 생활을 통해서 황국신민다운 성격을 함양하는 데 노력한다.[3)]

2. 학생 '근로보국대' 강제 동원

일제는 제3차 조선교육령 개정에 이어서 '학교근로보국대 실시요강'(1938. 6), '조선학생정신연맹' 결성(1939. 7), '학도정신대' 조직(1941. 3) 등을 실시하였다.[4)] 1941년 3월에는 '국민학교규정'을 공포하여 종래의 '보통(소)학교'를 '국민학교'로 개칭해서 어린이의 교육도 '국민'의 교육임을 강조하여 특히 조선의 어린 초등학교 학생들까지도 전쟁 준비에 동원할 체제를 만들었다. 일제는 이어서 '학교총력대' 결성(1941. 9)을 통해 '국민학교' 학생까지 동원할 준비를 하였다.

---

3) 伊藤猷典, 『朝滿の興亞教育』, 目黑書店, 1942; 鄭在哲, 『日帝의 對韓國植民地教育政策史』, pp. 412~13 참조.
4) 水野直樹 編, 「治安狀況中の學校報國隊の活動狀況」, 『戰時期植民地統治資料』 제7권, 柏書房, 1998, pp. 65~69 참조.

3. 조선 교육의 군사체제화와 강제 총동원

일제는 1941년 12월 태평양전쟁을 도발하여 처음에는 승승장구하는 듯하다가 1943년 2월 과달카날섬 해전에서 패진하면서 서서히 패색이 드러나자 교육체계 전체를 침략전쟁 수행의 도구로 전환시키는 정책을 강행하였다.

일제는 1943년 3월 제4차로 조선교육령을 개정하여 조선인 교육을 군사체제화해서 조선인 학생들을 침략전쟁의 도구로 만들기 위한 군사연성軍事鍊成 및 군사동원 교육체제를 더욱 강화하였다. 일제의 제4차 조선교육령은 조선인 학생들의 황국신민화·한

〈그림 34〉 일제의 국민학교 학생들을 대상으로 한 목검 교련 교육

국민족말살교육에 만족치 아니하고 조선인 학생들을 일제의 침략전쟁에 투입하려는 동원체제 확립의 일환으로 개정된 것이었다. 총독부는 이에 맞추어 1943년 3월 27일 '중학교 규정' '고등여자학교 규정' '실업학교 규정' '실업보습학교 규정' '사범학교 규정' 등을 개정, 공포하였다. 제4차 조선교육령 및 관련 규정 개정의 요점은 대체로 다음과 같은 것이었다.

(1) 순정한 일본어를 습득시켜서 그 사용을 정확하고 자재自在하게 함으로써 일본어 교육의 철저를 기하고 황국신민의 성격 함양을 철저화한다.
(2) 일본어·일본도덕·일본역사·일본지리 등에 관한 교과는「국민과國民科」로 통합시켜 더욱 강화한다.
(3) 국민학교·중등학교·사범학교의 교과과정을「국민과」「이수과理數科」「예능과」「체조과」등으로 통합 조정하여 '황국신민의 육성'에 초점을 맞춘다.
(4) 조선학생의 일본 황국신민의식을 철저히 함양 육성하고 대륙전진기지大陸前進基地로서의 조선의 지위와 사명을 확인시킨다.
(5) 조선학생들에게 '황국皇國의 도道'에 기초한 황국신민으로서의 연성교육鍊成敎育을 가일층 강화한다.

일제의 이러한 방침에 따라 한국의 각급 학교는 일본군대의 하청기관으로 전락하여 '일본어 교육'과 '군사교련'이 철저하게 강조되었고 모든 교육활동이 강건한 일본군 병사 양성에 초점이 맞

〈그림 35〉 일제의 중학생 근로보국대 동원

추어졌다. 일제는 이를 직접 관장하기 위해 총독부 학무국 안에 '연성과鍊成科'를 신설하였다.

일제는 전쟁 수행을 위한 '학도동원체제'도 더욱 강화하였다. 일제총독 고이소 구니아키는 「학도동원체제 정비에 관한 훈령」(1944. 4)을 발하여 "근로가 즉 교수이고 훈련"이라는 궤변을 실시케 하여, 공부는 접어두고 전쟁 수행물자 생산노동에 학생들을 동원하였다. 「고등교육기관의 수업연한 단축」(1941. 1), 「학도전시동원체제 확립요강」(1943. 6), '학도동원본부'의 설치(1944. 4), 「학도근로령」 공포(1944. 8) 등은 모두 학생 노동력 동원체제의 예들이었다.[5)]

5) 辛珠柏, 「日帝의 教育政策과 學生의 勤勞動員, 1943~1945」, 『歷史教育』 제78집, 2001 참조.

일제의 이러한 조치에 따라 중등·고등교육기관의 이공계 학교 학생들은 공부는 폐하고 각기 전문 공장에 투입되어 노동했으며, 문과계 학교 및 사범학교 학생은 식량증산과 비행장 등 전쟁시설 건설에, 여학교 학생은 방직공장에 동원 투입되어 '근로동원'이라는 이름 아래 육체노동을 해야 하였다.

일제는 이러한 '근로동원'을 심지어 국민학교 학생들에게도 강요하였다. 총독 고이소 구니아키는 1943년 4월 도지사회의에서 국민학교 학생도 '근로동원'할 것을 지시하였다.

> 금년은 기술한 바와 같이 전력을 다하여 식량증산을 필기必期함에 있어 국민학교 이상 각종 학교의 학생 생도로 하여금 농업보국農業報國에 참가, 봉사시킬 방침을 취하고 있으니 〔……〕 한편으로는 증산增産, 다른 한편으로는 연성鍊成의 효과를 올리도록 하라.[6)]

일제는 이러한 정책에 의해 1943년부터는 중등·고등교육기관의 학생들은 물론이요, 국민학교 학생들까지도 공부는 시키지 않고 전쟁물자 생산에 노동력으로 동원하였다.

6) 『朝鮮總督府官報』, 1943년 4월 7일자, p. 40; 鄭在哲, 『日帝의 對韓國植民地敎育政策史』, pp. 466~67 참조.

4. 전문학교의 교육 정지 및 폐교와 군사 전쟁지원 체제화

일제는 1943년 10월 13일 「교육에 관한 전시비상조치 방책」을 만들어 전쟁 수행에 필요한 이공계 학교와 정원을 늘리고 인문·사회계 학교와 정원을 줄임과 동시에 한국인의 전문학교들에는 다음과 같은 탄압조치를 자행하였다.

(1) 관립전문학교인 '경성법학전문학교'와 '경성고등상업학교'는 모두 1944년도부터 학생모집을 정지하고, 새로이 '경성경제전문학교'를 설립한다.
(2) 사립전문학교인 '보성普成전문학교' '연희延禧전문학교' 및 '혜화惠化전문학교' 등 3개교는 1944년도부터 학생모집을 정지하고, 새로이 '경성척식拓植경제전문학교' 및 '경성공업경영전문학교' 등의 2개교를 설립한다.
(3) '혜화전문학교'와 '명륜明倫전문학교'는 불교계 또는 유교계의 인재양성을 목적으로 하는 특색 있는 교육기관 실정을 감안하여 이에 수반된 선당적禪堂的 또는 학숙적學塾的 인재양성기관을 별도로 구상한다.
(4) '숙명淑明여자전문학교'와 '이화梨花여자전문학교'는 '여자청년연성소女子青年鍊成所'의 전임지도원 양성기관으로 개조한다.

일제는 이 정책에 따라 '명륜전문학교'는 1943년 9월에 '명륜청년연성소明倫青年鍊成所'로 전락시켰다. 조선왕조의 개창과 동시

〈그림 36〉 일제의 조선여자정신대 징발

에 설립된 국립대학교 성균관成均館이 '명륜청년연성소'로 짓밟힌 것이었다. '이화여자전문학교'는 1943년 12월에 '이화여자전문학교 여자청년연성소 지도자 양성과'를 신설토록 하였다. '숙명여자전문학교'는 1944년 2월에 '숙명여자전문학교 여자연성소 지도원 양성과'를 신설하게 하였다. 1944년 4월에 '보성전문학교'는 '경성척식경제전문학교'로 개편당하였다. '연희전문학교'는 '경성공업경영전문학교'로 개편당하였다. '경성법학전문학교'와 '경성고등상업학교'는 합하여 '경성경제전문학교'로 교명과 체제가 일제정책에 따라 개편당하였다. '혜화전문학교'와 '중앙보육학교'는 1944년 5월 강제로 폐쇄당하였다.[7]

7) 鄭在哲, 『日帝의 對韓國植民地敎育政策史』, pp. 496~97.

일제는 「학도전시동원체제 확립요강」(1943. 6), 「학도군사교육요강 및 학도동원비상조치요강」(1944. 3) 등을 제정함과 동시에 각급 학교와 전문학교·대학교까지 모든 학생들을 공부는 버리고 군사교육과 근로동원에 총동원하면서 패전의 날을 대비하려고 전전긍긍하였다.

제15장
한국민족간부 인사에 대한 감시·검속과 학살 계획

1. 중앙정보위원회 설치 및 임시보안령 실시와 한국인 탄압

일제는 제7대 총독 미나미 지로가 취임하자 식민지통치에 군사 특무대의 점령지 정보통치 방식을 도입하여, 독립의식 또는 민족의식을 가진 한국민족간부급 인사들의 일거수일투족을 철저히 감시하고, 일제 침략전쟁 선전에 강제 동원하며, 필요하면 '예비검속'을 단행하여 '학살'할 체제를 만들려고 하였다.

일제는 정보감시통치를 담당할 사령부를 만들기 위해 1937년 7월 22일 총독부령 제51호로 '조선중앙정보위원회朝鮮中央情報委員會'를 설치하고, 각 도道에는 '도정보위원회'를 설치하였다. 이것이 한국인의 감시 및 사찰의 조사·정책기획을 담당하는 총사령부였다.

중앙정보위원회와 도정보위원회에서는 '고등경찰'의 활동을 대폭 강화하여 한국인 민족주의자나 공산주의자의 소위 '사상범'은 물론, 일반 한국인 유지와 명성 있는 인사들에 대해서는 모두 신변·주변·가정·교우·재산·약점에 관한 정보를 철저히 수집하여 침략전쟁과 식민지통치에 이용하도록 하였다. 그리하여 한국민족 가운데 주위에 영향력을 가진 유지들은 모두 일제 정보망에 철저히 파악되어 일제의 침략전쟁·식민지정책·선전에 동원할 수 있도록 하고 다른 활동은 철저히 감시하는 체제를 만들었다.

일제는 또한 1937년 12월 26일에는 총독 훈령 제34호로서 '조선임시보안령朝鮮臨時保安令'을 제정 공포하였다. 이것은 조선인 민족간부는 물론 일반 민중의 활동을 철저히 감시·사찰·탄압하기 위한 것이었다. '임시보안령'은 ① '집회'에 관한 단속을 한층 더 강화하여 엄중히 단속 사찰하고, ② 필요한 경우에는 '신문' '잡지'의 발행 금지와 판매 금지를 폭넓게 효율적으로 처분 자행하도록 했으며, ③ 일반 민중의 유언비어 또는 민심교란 발언 등도 철저히 사찰하여 엄벌에 처하도록 하였다. 이것은 한국민중이 일제의 침략·수탈정책에 한마디라도 불평이나 조롱을 한 것이 알려지면 즉각 경찰서나 헌병대에 끌려가 가혹한 처벌을 받도록 제도화한 것이었다.

일제총독의 이러한 정보정치 공작 탄압에 의하여 한국의 명사들이 일제의 '중·일전쟁' 도발, 중국 침략의 정당성 선전에 총동원되었다. 일제총독 미나미 지로는 ① 조선민중들 사이에서 신망과 명성이 있다고 알려진 인물들과, ② 일제의 '조선귀족'이 된 친일매국노 및 친일분자 들의 두 집단을 각각 초청하여 일본의 중·일전쟁 수행에 협조적인 강연이나 간담회에 참석할 것을 위협적으로 요구하였다. 그리고 강연회·간담회 때에는 이 두 집단을 뒤섞어 편성해서, 지조를 지키던 명사들과 친일매국노들을 혼성시켰다.

중·일전쟁을 선전·홍보하는 '전국순회 강연회'에는 1937년 7월 20일부터 9월 17일까지 강사 57명이 동원되어 350개소에서 17만여 명의 청중이 참석하였다.[1] '시국간담회'는 일제 식민지 정책과 침략전쟁 후원 찬성이 주 내용이었는데, 1937년 9월부터 1940년 1월 사이에 개최 횟수 30만 8,751회에, 참가인원이 1,606만 402명이었다.[2]

일제의 이러한 '강연회'와 '시국간담회'는 청중에 대한 효과보다도 지조를 지키던 한국민족 명사들과 유지들을 대중 앞에서 '친일적 인사' '친일파'로 인식케 하여 대중에 대한 영향력을 상실하도록 만들고, 결국 한국민족을 간부가 없는 민족으로 만드는 정보정치 공작의 효과를 가져왔다고 볼 수 있다. 총독부 촉탁으로 있으면서 이를 관찰한 문정창 씨는 "군국일본의 침략전에 협력하자고 외치게 하는 미나미 지로의 강연 요청에, 아들과 손자, 친척 등 계루係累가 많은 조선인 고사高士들은, 미나미 지로의 무

1) 朝鮮總督府, 『施政三十年史』, 1940, p. 816.
2) 같은 책, p. 498.

소불위無所不爲의 다면적인 위협·박해 하에서 나서지 않을 수 없었으며, 오직 한 사람 몽양 여운형呂運亨이 불응하다가 철편鐵鞭에 머리를 얻어맞아 수년간 정신 몽롱증에 걸렸던 것이다"[3]라고 기록하였다.

1941년 '태평양전쟁' 도발 후에는 한국인 명사, 지식인, 교육자, 문학예술가, 종교지도자 등에 대한 침략전쟁 홍보 선전 동원이 더욱 협박적으로 강요되었다. 일제의 공작은 먼저 일제 당국자 및 친일파로 최상층 간부들을 꾸린 친일단체를 조직해놓고, 명사·지식인·문학예술가 들에게 회원으로 가입만 해두면 신변안전이 된다고 꾀어 넣은 다음에 조직적으로 강제 동원하는 방식이어서 그 그물망을 벗어나기가 쉽지 않았다.[4]

녹기연맹綠旗聯盟(이사장 진전영津田榮), 조선문예회朝鮮文藝會(회장 다카기 이치노스케高木市之助), 애국금차회愛國金釵會(회장 김복완金福緩, 윤덕영尹德榮의 처), 조선임전보국단朝鮮臨戰報國團(단장 최린), 국민총력조선연맹國民總力朝鮮聯盟(총재 미나미 지로), 대의당大義黨(당수 박춘금朴春琴) 등이 대표적 친일단체였다.[5] 친일파 매국노들은 물론, 종래 민족적 지조를 지키며 살던 명사들도 그들의 그물망에 한번 걸려들면 벗어나지 못하고 친일논설, 친일강

3) 文定昌, 『軍國日本朝鮮强占三十六年史』 하권, pp. 367~68.

4) 李明花, 「日帝의 轉向工作과 民族主義者들의 變節: 1930년대 이후를 중심으로」, 『한국독립운동사연구』 제10집, 1996 참조.

5) 이승엽, 「내선일체운동과 녹기연맹」, 『역사비평』 제50호, 2000; 정혜경·이승엽, 「일제하 녹기연맹의 활동」, 『한국근현대사연구』 제10집, 1999; 朴成鎭, 「일제말기 綠旗聯盟의 內鮮一體論」, 『한국근현대사연구』 제10집, 1999.

연, 친일작품을 강요당하여 지조를 잃고 민중들로부터 외면당하는 처지에 떨어지고 말았다.

2. '조선사상범 보호관찰령'과 민족간부들에 대한 감시 관찰단체 조직

일제는 1936년 12월 12일 총독 제령 제16호로서 '조선사상범 보호관찰령'을 제정하고, 총독부령 제128호로 동 '시행규칙'을 제정 공포하였다. 이것은 한국민족의 지사나 애국자 가운데 일제가 검거 투옥한 적이 있거나 감시할 필요가 있다고 판단되는 인사들의 주소·거주지를 지정하고 감시하며, 필요하면 '보호관찰'이라는 이름 아래 자유로운 활동을 제한 또는 금지시키는 악질적인 법령이었다. 이 '조선사상범 보호관찰령'으로 국내에 거주하는 한국민족간부의 다수가 '감시의 쇠사슬'에 얽매이게 되었다.

일제는 여기서 그치지 않고 1937년 2월에는 고시 제34호로서 각 형무소 소재지마다 '보호관찰단체'를 조직하여 일제가 감시 대상으로 지명한 한국민족간부들을 강제 가입시켜서 그들의 행동 상황을 의무적으로 정기 보고하게 하였다. 그리고 필요하면 '예비검속령'을 발동하여 범법행위가 없어도 '보호'를 위해 예비검속할 수 있도록 준비하였다. 한국민족간부급 인사들을 철저히 감시하고 관찰하다가 사전에 민족적 행동을 철저히 봉쇄하고 탄압하는 체제를 만들려 한 것이었다.

〈표 12〉 일제 보호단체의 실황(1941년 기준)

단체 형식	지역	단체 이름	피감시자 수
재단법인	경성	구호회救護會	1,252
〃	인천	구호회救護會	325
〃	개성	대성회大成會	349
〃	춘천	동포회同胞會	151
〃	공주	관업원慣業院	180
〃	대전	자강회自彊會	326
〃	충북	유린회有隣會	119
〃	청진	제성회濟成會	196
〃	진남포	장선원奬善院	88
〃	평양	유항회有恒會	473
〃	서흥	보전회保全會	133
〃	해주	제미회濟美會	1,014
〃	금산포	선린회善隣會	170
〃	신의주	자제회自制會	683
〃	안동	신유회辛酉會	223
〃	대구	상성회常成會	587
〃	김천	상선회常善會	399
〃	부산	보성회輔成會	290
〃	진주	향양회向陽會	214
〃	마산	곡생회曲生會	83
〃	광주	유린회有隣會	325
〃	목포	성미회成美會	766
〃	전주	유종회有終會	257
〃	군산	성지회誠之會	352
〃	원산	양보회陽報會	267
〃	청진	제성회濟成會	196
〃	함흥	전인회傳仁會	603
계			10,021

※ 자료: 『朝鮮總督府 統計年報』(1941).

1941년까지 일제가 조직한 '보호관찰단체'와 그들이 강제 가입시킨 피감시자 수는 〈표 12〉와 같았다.[6]

즉 전국에서 9,825명의 애국자·민족간부의 일부가 일제의 '보호관찰단체'의 쇠사슬에 얽매여 필요하면 즉각 예비검속이 되고, 또 일제에 의해 '학살'당할 수도 있는 처지에 놓이게 된 것이었다.

3. '사상범 예비검속령'의 실시

일제는 태평양전쟁 도발을 앞두고 1941년 3월 '조선사상범 예비검속령'을 제정, 실시하였다.[7] 침략전쟁에 조선 청년학생들과 조선인을 동원 희생시키기 위해서는 항일적 민족주의자나 공산주의자의 일제 비판이 침묵·소멸되어야 하는데 도저히 이를 달성할 수 없었으므로 아예 필요할 때 미리 '예비검속'하여 고문 학대하면서 침묵을 시키면 민중으로부터 민족간부들을 분리시킬 수 있다고 본 것이었다.[8]

이 때문에 국내의 한국민족간부급 인사들은 범법행위가 없었음에도 불구하고 수시로 헌병대나 경찰서에 임의 구속되어 심문과 고문을 당하는 고통을 겪었다.

---

6) 文定昌, 『軍國日本朝鮮强占三十六年史』 하권, pp. 363~65 참조.
7) 荻野富士夫, 『特高警察體制史』, 高麗書林, 1989, pp. 361~416 참조.
8) 金圭承, 『日本の植民地法制の研究』, pp. 93~124 참조.

〈표 13〉'사상범' 검거 상황(1930~38)

연도	건수	인원	송치	기소
1930	397	4,025	2,105	1,107
1931	436	3,659	1,842	1,106
1932	345	4,989	2,132	1,414
1933	213	2,641	1,108	705
1934	183	2,389	796	561
1935	172	1,740	538	407
1936	167	2,762	859	419
1937	134	1,637	1,521	893
1938	145	1,344	1,212	511
계	2,192	25,186	12,113	7,123

자료: 『最近に於ける朝鮮治安狀況』(1938), pp. 15~17; 박경식, 『일본 제국주의의 조선지배』, p. 523.

〈표 14〉'사상범'의 분류별 검거 상황(1939~44)

연도	민족주의자		공산주의자		학생		종교계		기타		합계	
	건수	인원	건수	인원	건수	인원	건수	인원	건수	인원	건수	인원
1939	36	256	28	646	6	26	18	105	7	9	95	1,042
1940	29	72	31	668	16	121	24	329	3	3	103	1,193
1941	73	176	20	158	48	203	34	206	57	118	232	861
1942	33	237	25	141	57	409	34	317	34	38	183	1,142
1943	46	204	23	151	46	198	58	211	149	238	322	1,002
1944 (상반기)	51	140	2	12	16	42	8	56	55	87	132	337
계	268	1,085	119	1,776	189	999	176	1,224	305	493	1,067	5,577

* 기타는 보안법 위반, 민족적 불온언동, 낙서 등에 의한 검거.
자료: 近藤一釼 編, 『太平洋戰終末期朝鮮の治政』 제1권, pp. 67~68.

〈표 13〉과 〈표 14〉는 '예비검속'이 아닌 '실제사건 검속'의 내용이다. 이러한 실제사건 검속이 있을 때마다 소위 '보호관찰' '예비검속' 대상 인사들은 항상 철저한 감시와 '예비검속'을 당했고, 학살의 위험에 직면하였다.

4. 한국민족간부 학살 계획

태평양전쟁에서 일본이 패전을 거듭하여 연합군이 오키나와에 접근해오자 일제는 한반도에도 부산·인천 등지에 연합군이 상륙하면 이때에는 한국 내 민족주의자·공산주의자 등 민족간부들이 연합군을 환영하여 항일전선에 가담할 것이라고 보고 1945년 늦은 봄 이들에 대한 '학살' 계획을 수립하였다.

대상은 5등급으로 나누되, 1등급은 위에서 든 '보호관찰 대상자' 약 1만 명, 2~5등급은 예비검속 대상자를 위험도에 따라 등급을 나누어 총계 약 5만 명이 학살 대상으로 작성되었다.[9]

학살 방법은 반공호를 가장한 '굴'을 파서 예비검속된 한국민족간부·애국자 들을 그 속에 넣어 신속히 집단학살한다는 것이었다. 이 정보는 종로경찰서 조선인 형사들에 의해 새어나와서 도피하는 인사들이 나오기 시작하였다.

해방 후 북한에서 영변군 치안대가 일본인 고등계 형사의 자백

9) 文定昌, 『軍國日本朝鮮强占三十六年史』 하권, pp. 549~50.

을 듣고 현장을 확인한 바에 의하면, 영변군 영변읍 외산곡外山谷에 약 20평 넓이의 굴을 팠는데, 2시간에 20명씩 학살할 계획이었으며, 학살 방법은 굴 안에 넣으면 곧 질식하며 일본군인이 죽창 또는 일본도로 확인 살해하는 방법이었고, 실해 예정사는 일대 총 2만 7천 명이라고 하였다.[10]

일제는 해방 후 미군정의 요구에 의해 약 3개월간 총독부 행정사무를 더 연장 전담하면서 이 시기의 문서자료들을 모두 소각 파기해버렸기 때문에 더 이상 정확한 사실을 추적하기는 현 단계에서는 어렵다. 그러나 다른 자료를 통해서도 일제의 이러한 '학살' 계획이 있었음이 확인되고 있다.

이만규의 『몽양여선생투쟁사』에 의하면, 1945년 8월 4일 이른 새벽 일제가 건국동맹 맹원인 이걸소李傑笑, 황운黃雲, 이석구李錫玖, 조동호趙東祜 등과 지방간부들을 예비검속하자, 여운형은 대대적인 검거가 이어질 것을 예견하고 건국동맹 간부진을 긴급히 개편하였다. 그는 패망 직전 일제의 대대적인 예비검속과 애국자 학살에 기민하게 대응했던 것으로 보인다.

> 8월 4일 조조早朝에 관철町 집회소에서 이걸소, 황운, 이석구, 조동호 등이 체포되고, 일부 간부는 피신하였었다. 전격적 검거풍이 전국에 뻗쳐서 지방간부들이 다수 체포되니 7만여 명 맹원은 실로

10) 金鎭宇·韓徽永, 『制憲國會史』, 新潮出版社, 1954, pp. 24~25; 文定昌, 『軍國日本朝鮮强占三十六年史』 하권, p. 550 참조.

위기일발에 처하였다. 이때에 몽양은 요행히 구금을 면하였으나 감시가 심하였었다. 그러나 일본의 항복이 시각으로 가까워오는 것을 간파한 몽양은 최근우, 김세용, 이여성, 이상백, 김기용, 이만규와 함께 중앙부를 재건하였다. 그런데 재건된 중앙간부는 전의 간부의 일은 전연 몰랐었다. 그리고 이 재건위원에게도 몽양이 사무만을 떼어 맡기고 위원의 이름을 알리지 않아서 서로 몰랐던 이가 있었다. 이여성·김세용에게 국호·국기 제정을 맡기고 이만규에게 독립선언서 제작을 맡겼으나 그 사람끼리는 서로 몰랐었다.[11)]

일제는 패전 직전에 국내 한국민족간부들을 전원 집단학살하려는 계획을 세우고 실행 준비를 해둔 것이었다.

11) 李萬珪, 『夢陽呂先生鬪爭史』, 民主文化社, 1946, pp. 177~78.

第16장
일제 식민지통치의 해독과 고통과 극복

1. '일제 식민지근대화론'은 거짓

지금까지의 고찰에서 명백해지는 바와 같이 일본 제국주의는 19세기에 '근대화'를 먼저 달성하자, '근대화 도중'에 있는 은혜로운 이웃나라 한국(조선)을 우세한 근대군사력으로 침략 강점해서, 독립을 열망하는 수많은 한국민중과 애국자 들을 학살하였고, 아무런 잘못이 없는 무고한 한국민중들을 무차별 학살하였다.

일제는 한국을 강점하자 '동화'라는 이름으로 한국민족의 '민족성'을 말살시켜서 일본의 영원한 지배를 받는, 차별받는 예속민 '조센징'을 만들고 또한 일본 '천황'에게 충성하는 '황국신민'으로 만들어서 일본 제국주의의 침략전쟁에 희생시키려는 '한국민족말살정책'을 강행하였다.

일제는 전체 한국인과 한반도를 강점하여 수탈할 수 있는 것은 모두 짜내어 수탈하였다. 이 수탈은 생산물·생산수단·토지·광물자원은 물론이요, 한국사람에게도 미쳐서 노무자 강제 '징용,' 일본군 '위안부' 성노예 강제 징발, 학생과 청장년 강제 '징병' 등 온갖 범죄를 자행하였다.

일제의 이러한 한국민족말살정책과 사회경제적 수탈정책 및 인간·인력 수탈정책은 모두가 일본군의 잔혹한 군국주의적 무단탄압으로 강제 자행된 것이다.

일제강점기에 일본 제국주의 식민지정책은 한국민족을 '근대화'시키기는커녕, 한국민족을 '민족'으로서는 지구상에서 소멸·말살시켜서 생물학적으로 목숨만 붙어 있으면서 일본어를 알아듣는, 차별받는 식민지 노예로 만들어 영구히 지배하려 했는데, 이것이 어떻게 '개발'이고 '근대화'가 될 수 있겠는가?

일제 식민지정책이 정체되어 있는 한국민족과 한국사회를 '개발' '근대화'시킨 '혜택'을 베풀었다는 소위 '일제 식민지근대화론'은 완전히 거짓이었다.

일제 식민지근대화론은 일제강점기 조선총독부가 수탈정책을 공표하기에 앞서 매번 발표하던 조선인을 위한 것이라는 홍보 '시정연설'의 선전물을 엉터리 '자료' '통계' '학문'의 위장을 하고 꾸며낸 일본 제국주의 침략·수탈의 합리화론·옹호론에 불과한 것이다.

단재 신채호 선생은 1920년대에 일본 제국주의를 '강도强盜'라고 하였다.[1] 1930년대에 피압박 민족들을 연구한 밀러Herbert A.

Miller 교수는 1920~30년대 한국을 연구한 후, 한국인들은 민족역사와 민족문화가 일본보다 더 오래고 더 우수하여 한국의 민족운동이 중국 등 다른 나라에도 영향을 미치고 있으니 '동화'라는 이름으로 한국민족을 소멸시키려는 일본의 정책은 결코 성공할 수 없을 것이라고 지적하였다.[2)]

일제의 식민지정책을 당시의 일부 양식 있는 일본인 학자들과 지성인들도 비판했는데, 이제 광복된 21세기 한국에서 가슴 아픈 '진실'을 외면하고, 아직도 일제 조선총독부의 거짓 선전을 다시 학문과 통계로 위장한 일제 '식민지근대화론'의 주장이 나오다니, 참으로 개탄을 금할 수 없다.

2. 일제 식민지정책의 해독과 각종 잔재의 청산 극복

일본 제국주의가 19세기 후반에서 20세기 전반에 한국을 침략 강점하여 한국민족에게 남긴 해독害毒과 고통苦痛은 말과 글로 다 표현하기 어렵게 많다.

우선 한반도의 남북 분단도 근원을 따져보면 일본 제국주의의 한반도 강점 때문에 나온 것이다. 연합국의 미국과 소련이 일본의 강점지역을 전리품으로 보아 38도선을 기준으로 분할한 것이

---

1) 申采浩, 「朝鮮革命宣言」, 『改訂板丹齋申采浩全集』 하권, pp. 35~46 참조.

2) Herbert Adolphus Miller, *The Beginnings of Tomorrow*, D. C. Heath & Co., 1933, pp. 149~62 참조.

기 때문이다. 일제가 19~20세기에 한국을 침략 강점하지 않고 이웃 우호국가로 두었으면 전혀 일어나지 않았을 일이었다. 오늘 한국민족이 겪는 남북 분단의 모든 고통의 근원은 일본 제국주의자·군국주의자 들의 한국 침략 및 강점에서 나온 것이다.

19세기에 한국은 '근대화'에 한발 늦기는 했지만 열심히 '자주적 근대화' 정책을 국민과 일부 선진적 지식인 관료들이 추진하여 진행되고 있었다. 일제가 침략만 하지 않았더라면 한국민족은 충분히 '자주근대화'에 성공하여 동아시아에서 자주부강한 문명국가로 발전했을 것이다. 남북이 분단되어 제약받고 고통받는 속에서도 오늘날 세계가 경탄하는 발전을 성취한 것을 보면 이를 미루어 알 수 있다.

그러나 실제 역사는 한국민족이 '자주적 근대화'를 추진해가는 결정적으로 중요한 근대화 시기에 일제가 한국을 침략 강점하여 '사회경제적 수탈'을 극대화하고 한국민족 소멸·말살정책을 강제 자행했기 때문에 한국민족은 참으로 심대한 타격을 입었다.

한국민족의 뛰어난 인재들은 '자주적 근대화' 문제 이전에, 우선 소멸·말살당할 위기에 처한 '한국민족'을 구하고 보전하기 위하여 목숨을 걸고 혈투를 전개하지 않을 수 없었다. 수십만 명의 참으로 뛰어난 애국적 인재들이 일본 제국주의를 한반도에서 몰아내고 조국을 광복하려는 민족해방전선에서 혈투를 전개하다가 전사하였다. 너무 많은 민족간부들을 민족독립전선에서 잃어버린 것이다. 그 민족적 손실은 수학적 통계로 계산되지도 않는다.

그뿐만이 아니다. 일본 제국주의자·군국주의자 들은 1910~45년의 36년 동안 사회 모든 부문에서 약탈을 자행하고, 반反민족적인 유독·유해한 물질적·문화적·정신적 유제와 거짓 글, 거짓말, 유언비어를 뿌려놓았다. 이것이 '식민지잔재'이다.

일본 제국주의가 빼앗아간 1905~45년의 잃어버린 40년은 참으로 아깝고 너무나 가슴 아픈 시간이었다. 한국민족은 이 귀중한 시간에 나라와 겨레와 국민의 근대적 건설을 하기에 앞서, 빼앗긴 나라를 찾으려고 혈투를 전개하느라고 다른 일을 할 겨를이 거의 없었다. 그 뒤에도 한국민족은 광복과 함께 주어진 남북 분단과 뒤이은 6·25 한국전쟁 및 그 뒤처리로 인해 한 번도 '일제 식민지잔재 청산작업'을 체계적으로 수행하지 못하였다.

일본 제국주의·군국주의 침략 강점의 심대한 타격을 입고서도 그에 부화뇌동한 악질 친일매국노를 단 한 사람도 처벌, 처단하지 못했으니, 한국민족의 그동안의 형편을 알 수 있다.

일제 식민지잔재는 한국민족의 미래의 비약적 발전과 인류 평화에 유해한 독물毒物이므로 각 분야에서 과학적으로 조사하여 합리적, 체계적으로 청산해야 할 과제이다.

필자는 정치지도자가 아니라 학자이고 교수이므로 역사적, 객관적 사실을 밝히는 여기까지만 쓴다. 그러나 한국민족 성원의 하나로서 다음 세대의 독자들에게 부탁할 말이 있다.

한국민족은 일제강점기의 뼈아픈 역사를 잘 기억하고 음미해서, 전 세계 모든 평화애호 국가들 및 사람들과 활발한 호혜적 교류를 하면서 하루 속히 자주부강한 통일된 최선진국가와 민주복

지사회를 반드시 건설해야 할 것이다.

그리고 한국민족과 국가가 세계 정상의 최선진 부강국가가 된다 하더라도 과거 역사를 교훈 삼아 세계 여러 나라들을 도와만 주고 협조만 해주며, 절대로 약한 나라를 침략하지 않는 모범적인 평화애호 민족과 국가가 되어야 할 것이다.

찾아보기

ㅇ

ㅊ